멀티태스킹은 신화다

The Myth of Multitasking 2nd edition by Dave Crenshaw
Copyright © 2008, 2021 by Dave Crenshaw
Korean translation rights © 2023 Insightbriz Publishing
Korean translation rights are arranged with Mango Publishing Group,
a division of Mango Media Inc. through AMO Agency Korea
All rights reserved.

이 책의 한국어판 저작권은 AMO 에이전시를 통해
Mango Publishing Group과 독점 계약한
인사이트브리즈에 있습니다.

저작권법에 따라 한국 내에서 보호받는 저작물이므로
무단전재와 무단복제를 금합니다.

멀티태스킹은 신화다

시간 부자로 살게 하는 시간 사용 컨설팅

데이브 크렌쇼 지음
임신희 옮김

인사이트브리즈

추천사

"데이브 크렌쇼는 "『멀티태스킹은 신화다, 어떻게 집중하는 시간을 늘릴 것인가』에서 멀티태스킹이 사실은 시간과 에너지 그리고 돈을 낭비하게 만드는 거짓말임을 잘 보여주고 있다. 무엇보다 멀티태스킹은 우리의 삶과 다른 사람들과의 관계를 방해한다."

- 척 노리스, 유명 할리우드 배우이자 무술인

"우리는 ADHD가 만연한 세상에 살고 있다. 나는 그것이 나쁘지 않다고 생각한다. 다만 데이브가 말하듯이 비밀은 중요한 일은 한 번에 하나씩 집중하는 것에 있다. 저자가 말하고자 하는 의미를 곱씹어볼 시간을 가진다면 그만한 가치를 느낄 수 있을 것이다."

- 세스 고딘, 『더 딥』The Dip의 저자

"데이브의 이 책은 시간 관리의 고전이며 모든 차원의 직업인들이라면 반드시 읽어야 할 필독서이다."

- 도리 클라크, 『나를 재창조하라』Reinventing You의 저자이자 듀크 대학 푸쿠아 경영대학원 외래 교수

"속도감 있게 움직이라. 그러나 서둘러서는 안된다. 야심을 가지고 초점을 분명히 하라. 이것이 당신이 변화할 힘을 가지게 해줄 것이다. 데이브의 이 책은 그런 습관을 가지도록 당신을 도울 것이다."

- 마이클 번게이 스타이너, WSJ 베스트셀러 『코칭 습관』 The Coaching Habit의 저자

"『멀티태스킹은 신화다』는 혼돈에서 질서를 가져올 때 필요한 약을 처방한다. 데이브 크렌쇼는 당신이 가장 창조적이고 전략적인 일을 할 수 있도록 만드는 집중력을 회복한다."

- 제니 블레이크 『중심축: 중요한 유일한 것은 당신이 취할 다음 단계에 있다』 Pivot: The Only Move That Matters Is Your Next One의 저자

"『멀티태스킹은 신화다』는 단지 그냥 단순히 생산적인 방법을 보여주기만 하는 것이 아니라 사람들을 더 존중하면서 대하는 법을 알려줄 것이다. 데이브의 책은 잔뜩 짓눌린 마음을 풀어주기에 필요한 필독서이다.

- 죠단 하빈저, 유투브 'The Jordan Harbinger Show'의 진행자

차례

4   추천사

9   그린가브

15 회사의 CEO

21 시간 사용에 대한 거짓말

29 비용을 요구하는 멀티태스킹

49 멀티태스킹은 어떻게 시작되었나

57 멀티태스킹 실습

71 멀티태스킹 사례

77 샐리의 질문

85 반복적 회의

93 기대

103 진실

119　샐리와 필의 내기

125　변화

133　집중의 단계

143　시간 관리 시스템

155　후속 조치

162　워크시트

165　집중을 방해하는 요소를 차단하기

168　반복되는 회의

172　시간의 진실

176　의사소통 경로

182　출처

1장

그린가브

필은 아스팔트 위에 '주차'라는 표시된 공간으로 차를 몰았다. 그는 주차 모드로 바꾸고 대시보드에서 반짝거리는 디지털 시계를 확인했다. 오전 8시 54분이었다. 약속 시간에 잘 맞춰 도착했다. 벌써 오래전에 효율성과 시간 관리를 가르치려면 '말한 대로 실천'하는 것이 중요하다는 것을 배웠었다.

뒷좌석에서 크로스백을 집어 든 그는 차에서 내려 여기저기 흩어진 공단 건물로 향했다. 그는 잠시 멈추어 서서 건물에 설치된 로고를 올려다보았다. "그린가브: 대자연이 원하는 옷"이라는 로고가 잘나가는 회사임을 뽐내듯 했다.

그 회사의 설립자이자 최고 경영자가 필의 이번 고객이었다.

헬렌 휘트먼은 비교적 잘 알려진 경영자였다. 잠깐 검색으로 그녀의 성공에 대한 많은 정보를 얻을 수 있었다. 10년을 인기 있는 대형 소매 의류 체인의 중역으로 지냈다고 한다.

그 후 약 3년 전, 헬렌은 패션 산업이 친환경으로 향하는 것을 보고 자신의 직감을 믿고 친환경 의류 사업에 뛰어들었다. 그로 인해 그린가브는 작년에 2천만 달러 매출 달성과 함께 지속적 성장이라는 상당한 도약을 이루어냈다.

그런 성공에도 불구하고 (또는 그것 때문에 더 그럴 가능성이 더 높지만) 그린가브의 리더는 벽에 부딪히고 있었다. 헬렌은 자신이 기발한 아이디어를 내더라도 정확하게 또는 제시간에 완성되는 것이 별로 없다고 느끼고 좌절했다.

건물 입구에 다가가면서 필은 이 일을 맡기 전에 헬렌과 나누었던 첫 대화를 떠올렸다. 그녀의 상황은 너무나 익숙했다. 필이 담당했던 고객 회사들은 규모도 다양한 여러 산업군에 속해 있어도 그들의 이야기는 기본적으로 같았다.

그들은 스트레스와 함께 자신의 성과가 저평가 받고 있다고 느꼈다. 직원 업무량은 계속 증가하고 일과 삶의 균형을 이룰 수 없게 되었다. 누구나 더 많은 자유 시간과 적은 스트레스를 원했다.
필의 일은 이들을 돕는 것이었다. 외부의 시선으로 보면, 종종 내부 사람들이 보지 못하는 것을 볼 수 있었다. 젊은 컨설턴트인 그는 뛰어난 CEO를 지원할 기회를 갖게 되는 것에 감사했다. 이 일에 따른 약간의 긴장감도 즐길만 했다.

그린가브의 안내데스크는 건물 현관에서 몇 걸음 떨어진 곳에 있었다. 다가가는 필은 입이 마르는 것 같았다. 새로운 만남에 대한 긴장 탓이었다.

책상에 앉은 여자는 건조한 태도로 그를 맞았다.

"무슨 일이시죠?"

"대표님을 만나러 왔습니다."

"약속하셨습니까?"

"네, 네, 그렇습니다. 제 이름은 필입니다. 기다리고 계실 겁니다."

"잠깐만요."

안내원은 모니터에서 시선을 떼지 않고 버튼을 누르며 정중하게 헤드셋에 대고 말했다.

"안녕하세요, 헬렌. 필이라는 남자분이 오셨는데요. 기다리실 거라고 하네요." 그녀는 수화기 너머의 대답을 듣고 헤드셋을 빼고는 "이쪽으로 들어가시죠."라고 말했다.

필은 안내원을 따라 문을 열고 널찍한 사무실로 들어섰다. 같은 공간에서 근무하는 직원들이 내는 소음들과 물건들로 사무실은 혼란스럽고 어수선한 분위기였다. 벽을 따라 있는 다른 사무실의 분위기도 마찬가지로 보였다.

정돈이 잘 된 책상도 몇 보였지만, 거의 모든 책상이 '파일들'로 덮여 있었다. 심지어 바닥에도 서류철, 옷 샘플, 펼쳐진 카탈로그들이 허리 높이로 쌓여 있었다. 직원들은 요리조리 책상과 작업대를 통과하면서 대화하는데 딱딱한 사무적인 어조였다.
새로운 고객들을 만날 때면 언제나 그렇듯 필은 갑자기 정해진 이번 그린가브 방문에 흥미가 일었다. 혼란스런 작업 공간을 좋아하는 것은 아니지만, 오히려 회사에 대한 통제력을 얻을 수 있으니 좋은 일이었다.

그는 새로운 고객과 새 프로젝트를 시작할 때마다 좋아하는 표현 하나를 떠올린다. "회사는 리더십의 반영이다." 만약 그 말이 사실이라면, 이 회사의 대표인 헬렌을 돕는 것으로 전 직원이 더 행복하고 더 생산적이 되도록 돕게 될 것이었다.

안내원은 필을 문까지 안내하고 사라졌다.

2장

회사의 CEO

구석에 위치한 큰 사무실의 문을 열고 들어가자 앞에 펼쳐진 시각적, 정서 재앙의 광경이 필의 눈에 한번에 들어왔다.

문 바로 앞에 서 있던 한 여자가 빨간 안경테 너머로 필을 지켜보면서 말했다. "기다려요, 친구!" 크고 어수선한 나무로 된 회의용 탁자에 앉아 있는 헬렌은 양쪽에 두 명의 매니저와 함께였다.

헬렌이 필에게 팔을 흔들어 비어 있는 의자 중 하나를 가리켰다. "앉아요, 필. 이제 막 마무리 중이에요."

지시대로 필은 자리에 앉았다. 가까이에는 빨간 안경을 쓴 여자가 헬렌의 시간을 얻기 위해 초조하게 차례를 기다리며 서 있었다. 필은 호기심에 차 그녀를 지켜보았다. 입술을 꾹 다문 모습이 마치 생명을 좌우하는 뉴스를 놓칠까 초조한 것처럼 보였다.

두 명의 매니저는 대화를 마치고 사무실을 나갔다. 그런데 빨간 안경테가 말할 타이밍을 잡기도 전에 헬렌이 먼저 조바심을 내며 그녀에게로 몸을 돌렸다. "그래, 샐리. 뭐가 문제지?"

"죽을 지경이에요…"

헬렌이 샐리의 말을 가로막았다. "잠깐만, 샐리." "기다리게 해서 미안해요, 필. 샐리의 목숨이 왔다갔다 하는 이야기를 마저 듣고, 당신에게 집중할게요."

샐리는 헬렌의 빈정거림에 한숨을 쉬며 눈을 굴렸다.

"괜찮아요, 헬렌." 필은 방 안의 긴장감을 느끼며 대답했다.

헬렌은 샐리에게 가까이 오라고 손짓을 했다. "말해봐요."

"대표님이 회의 시작하기 전에 이 문제를 의논하고 싶었어요. 카키색에서 연한 황갈색으로 색상 변경에 승인이 났는지 캔자스 공급업체가 알고 싶어 해요."

헬렌은 표정으로 좌절감을 표현했다. 그렇지만 그녀는 미소를 지으며 자제력을 되찾고자 심호흡을 했다. "샐리, 내가 어제 그에게 필요한 전부를 말해줬어요. 근데 왜 내가 같은 질문을 받는 거지?"

"뭐라고 하셨어요? 그는 오늘 내 연락을 기다린다는데요."

"그 친구에게 다시 말해줘. 그 옅은 황갈색도 괜찮다고. 다만 발송을 지연시키는 것만은 안 된다고!"

"알았어요. 음…" 그녀는 전화기를 흘끗 내려다보더니 생각에 잠겨 머리를 긁적거렸다. "그 밖에 물어볼 게 있었는데…"

"또 뭐가 있지, 샐리? 날 기다리는 사람이 있어."

"아, 생각났다!" 샐리가 대답했다. "어제 제가 보낸 디자인 봤어요?"

"아니, 아직." 헬렌은 한숨을 쉬었다. "일이 쌓여 있는 거 알잖아. 끝내야 할 일이 수없이 많아요. 가능하면 오늘 볼게."

"네, 감사합니다." 샐리는 재빨리 자신의 전화기를 집어 들고 돌아서서 문으로 향했다.

"샐리?" 헬렌이 소리쳤다.

"네?" 샐리는 부를 줄 알았던 것처럼 바로 대답했다.

"나가면서 문 닫아줘요."

3장

시간 사용에 관한 거짓말

> **70**
> 퍼센트의 근로자들이 근무 중 산만함을 인정합니다.
>
> **16**
> 퍼센트의 근로자들이 거의 항상 산만하다고 말합니다.
>
> ― 근무 집중도 조사, 우데미

헬렌은 경매인이 내지르듯 속사포로 말했고, 필은 그 말을 따라가려고 노력했다.

"필, 정말 눈코 뜰 새가 없네요! 종일 뭐 하나도 제대로 끝낼 시간이 충분하지 않아요. 내가 고개만 들면 샐리, 제프, 트레이시, 누구든 내 지시를 요구하는 사람이 있답니다. 며칠 동안 이메일도 열지 못했고, 음성 메일도 꽉 차 있어요. 제 사무실 전화 상황만 해도 그렇고요! 아직 채팅 앱에 로그인도 못했죠. 머리가 제대로…."

헬렌은 말을 흐리면서 손을 들어 항복한다는 제스처를 만들었다. "하지만 그래서 당신이 여기 오게 된 거겠죠."

"네." 필은 대답하면서 어깨 너머로 다른 직원들이 슬쩍 방으로 들어오지 않았는지 확인했다. "그래서 확인차 여쭤봅니다만, 오늘 미팅 시간을 알리고 방해받지 않도록 전달하셨습니까?"

"네. 달력에 표시하고 '#방해_금지!'라고 태깅했어요. 그 정도로 충분하다고 생각하지만, 알 수 없는 일이죠." 헬렌은 멈칫했다. "딱 한 군데 전화를 받을 곳이 있…"

"이해합니다." 필이 대답했다. "서둘러야 하는 걸 알고 있으니 바로 시작하기로 하겠습니다. '멀티태스킹'이라고 할 때 먼저 무슨 생각이 떠오르죠?"

"그건 쉬운 질문이네요! 바로 저요!"

"나 자신이다? 그게 무슨 뜻이죠?"

"제가 멀티태스킹에 능해요. 멀티태스킹의 여왕이죠. 사실 멀티태스킹이야말로 우리 회사의 채용 공고에서 가장 중요하게 꼽는 요건 중 하나입니다. 여러 작업을 수행할 수 없다면 그린가브에서 생존할 가능성은 매우 낮습니다."

의자에 등을 댄 필이 빙그레 웃었다. 익숙한 상황이었다. "헬렌, 혹시 마크 트웨인을 좋아하세요?"

헬렌은 어리둥절한 표정이었다. "물론, 마크 트웨인 좋아합니다. 고등학교 때 허클베리 핀을 읽었죠. 하지만 그게 멀티태스킹과 무슨 상관이 있죠?"

"큰 상관이 있는 건 아니고요. '세상에는 거짓말과 빌어먹을 거짓말이 있고…'[1]라고 우리가 잘 아는 말을 했어요."

"아하, 통계! 저도 알아요."라고 헬렌이 덧붙였다.

"좋습니다. 21세기 리부팅을 한다면 '거짓말, 빌어먹을 거짓말, 그리고… 멀티태스킹도 있다.'가 될 것입니다." 필은 그녀의 반응을 기다렸다.

헬렌은 눈을 깜박거렸다. "잘 모르겠어요. 멀티태스킹이 왜 거짓말이죠?"

"그냥 거짓말이 아니죠, 헬렌." 필이 말했다. "거짓말보다 더 나빠요. 빌어먹을 거짓말보다 더 심각하다고요."

"네? 왜 그렇죠?"

필은 몸을 앞으로 내밀며 말했다. "멀티태스킹은 형편없는 거짓말보다 더 나쁜 것입니다. 왜냐하면 이 변화무쌍한 세계가 그것이 진실이라고 맹목적으로 받아들였기 때문이죠. 우리는 피자 주문하듯이 쉽게 '멀티태스킹'이라는 말을 문화의 일부로 받아들이게 되었죠. 이제 멀티태스킹은 삶의 한

---

[1] "세상에는 세 가지 종류의 거짓말이 있다. 거짓말, 빌어먹을 거짓말 그리고 통계가 그것이다. 그러니 나는 당신이 제공하는 그 숫자를 믿을 수 없다."라는 문장을 비틀어 활용하고 있다.

방식이 되었습니다."

그는 잠시 숨을 돌린 후 말을 이었다. "하지만 우리는 왜 멀티태스킹을 한다고 자랑스럽게 생각할까요? 현실적으로 그렇지도 못하고 효율적이지도 않은데 왜 멀티태스킹에 환호하는 걸까요?"

헬렌은 의자 안으로 몸을 묻었다. "당신이 어째서 그런 생각을 하게 되었는지 모르겠네요, 필. 내 생활은 기본적으로 멀티태스킹의 연속인데요. 매분, 매시간을 소중하게 활용하고 있고요. 대부분의 사람이 일주일에 하는 양보다 더 많은 일을 한 시간 안에 하고 있다고요!"

필은 그녀의 도전을 받아들였다. "헬렌, 저도 대표님이 열심히 일하는 거 압니다. 당신은 내가 함께 일했던 사람 중 가장 부지런한 사람일 수도 있어요. 하지만 이렇게 열심히 일했는데, 원하는 결과가 나왔나요? 다른 말로 물을게요. 멀티태스킹이 잘 되고 있나요?"

"그렇지는 … 않은 것 같네요." 헬렌이 인정했다. "저는 당신이 저를 더 효율적이고 효과적으로 만드는 데 도움을 줄 거라고 생각했어요. 이번 컨설팅이 멀티태스킹에 관한 것이 될 줄은 몰랐어요."

"'멀티태스킹'은 대표님에게 초능력을 주지 않아요. 오히려 상황을 더 악화시키고 있습니다."

"두 마리 토끼를 쫓다가는 한 마리도 잡을 수 없다."

―러시아 속담

4장

비용을 요구하는 멀티태스킹

> **6분**
>
> 작업자가 전자 메일 또는 인스턴트 메시지를 확인하는 데 걸리는 평균 시간
>
> — RescueTime이 실시한 1억 8500만 작업 시간 연구에서

필은 가방 안에 손을 넣어 스마트폰을 꺼냈다.
"이제 제가 멀티태스킹이 입히는 피해가 어느 정도인지 증명해보려 합니다. 먼저 몇 가지 질문을 하고 메모를 해도 될까요?"

"그러시죠." 헬렌이 조심스럽게 대답했다.

"하루에 이메일을 얼마나 받으시나요?" 필이 물었다.

"수도 없죠! 잘 모르겠어요. 필요할 때만 답메일을 하는 편이에요."

"좋습니다." 그가 대답했다. "이메일을 열어 오늘 하루에 몇 개가 들어왔는지 알려주시겠습니까?"

헬렌은 머뭇거리다가 노트북으로 시선을 돌리고는 트랙패드를 넘겨 세었다. "지금 75개가 넘는 이메일이 있어요. 이제 겨우 아침 10시인데 말이죠!"

필은 스마트폰으로 무언가를 툭툭 쳤다. "그리고 실제로 하루에 몇 번이나 이메일을 확인하시죠?"

"어머나. 늘 모든 일에 정확해야 하죠. 그렇지 않으면 뒤로 밀리고 말테니까! 한 시간에 몇 번은 확인하는 것 같아요."

필은 그녀의 스마트폰을 들고 있는 헬렌의 손을 가리켰다. "거긴 어때요? 폰으로도 이메일 확인하시죠?"

헬렌은 자신의 전화기를 내려다보았다. "그렇게 자주는 아니지만요. 하지만 저는 늘 우리 회사의 메시지 앱인 챗와이드$_{ChatWide}$를 들락거립니다. 만약 거기 뭔가 올라온다면, 그건 보통 일과 관련이 있다는 뜻이죠."

"좋아요. 도움이 되는 정보네요." 필이 말했다.

갑자기 미리 약속이나 한 듯이 디지털 수문이 열렸다. 헬렌의 전화기는 살아있는 것처럼 뉴스 보도, 문자 메시지, 소셜 네트워크 업데이트, 그리고 다른 소식들을 알리는 소리로 삑삑, 윙윙거렸다.

"글쎄요, 이거 이상하네요." 헬렌이 전화기를 두드리며 말했다.

"그런 일이 자주 일어나나요?"
"뭐라고요? 이런 알림이 쇄도하는 걸 말하시는 건가요?"

필은 헬렌이 그녀 자신의 질문에 대답하기를 기다렸다.

"맞아요, 항상 그래요." 헬렌이 인정했다. "하지만 제 변호를 좀 할게요, 필 판사님. 저는 중요한 일 외에는 모두 무시하는 법을 잘 배웠다고 생각합니다."

필은 그녀의 해명을 받아들였다. "좋습니다. 우리의 목적을 위해 저는 이런 디지털 방해꾼을 '이메일'로 단순화해서 부르겠습니다."

헬렌은 어깨를 으쓱했다. "그러시죠. 저는 괜찮습니다."

"하루에 사람들로 인해 방해받는 경우가 몇 번이나 되나요? 직접 얼굴을 마주 보고 눈을 마주치는 경우에 대해 말하는 겁니다."

"너무 잦죠." 헬렌이 신음하듯 말했다. "우리가 아직 방해받지 않은 유일한 이유는 제가 개인적으로 챗와이드를 통해 방해하지 말라는 메시지를 전 직원에게 보냈기 때문입니다. 대문자로 강조해서요. 그게 잘못됐나요?"

필은 마지막 말에서 웃으면서 문을 가리켰다. "그리고 손으로 쓴 '방해하지 마세요!!!' 스티커 메모는 단지 백업일 뿐?"

헬렌은 어깨를 으쓱했다. "내가 할 수 있는 건 다 해야죠." 그녀는 닫힌 사무실 문을 쳐다보았다. "메시지와 방문 메모가 없었다면, 한 시간에 몇 번 정도 방해를 받았을 것입니다."

필이 다시 뭔가를 적었다. "전화 통화는요? 하루에 몇 통이나 받나요?"

"어떤 전화기에 대해서 말씀하시는 거죠? 사무실 전화요, 스마트폰이요?"

"둘 다요." 필이 대답했다.

헬렌은 "가족, 친구, 그리고 몇몇 사업상 지인들만 제 휴대전화 번호를 알려줬습니다."라고 설명했다. "그런 사람들 대부분은 가끔 일어나는 대참사 같은 긴급 상황이 아니면 낮에 제게 전화를 하지 않습니다.

"제 사무실 전화로 걸려오는 전화는 안내에서 대부분 걸러집니다. 중요한 전화만 제게 연결되죠. 그리고 내부적으로는 소수의 그린가버들이 통화를 원하지요."

"좋아요, 그럼 전화는 몇 통이나 할 것 같아요?." 필이 스마트폰을 대기한 상태로 물었다.

"아마 한 시간에 한 번쯤은." 헬렌이 대답했다. "좋아요.잠깐만요." 필이 말했다.

필은 드로잉 앱을 열고 대략적인 차트를 만들고는 폰을 돌려서 헬렌이 볼 수 있게 했다.

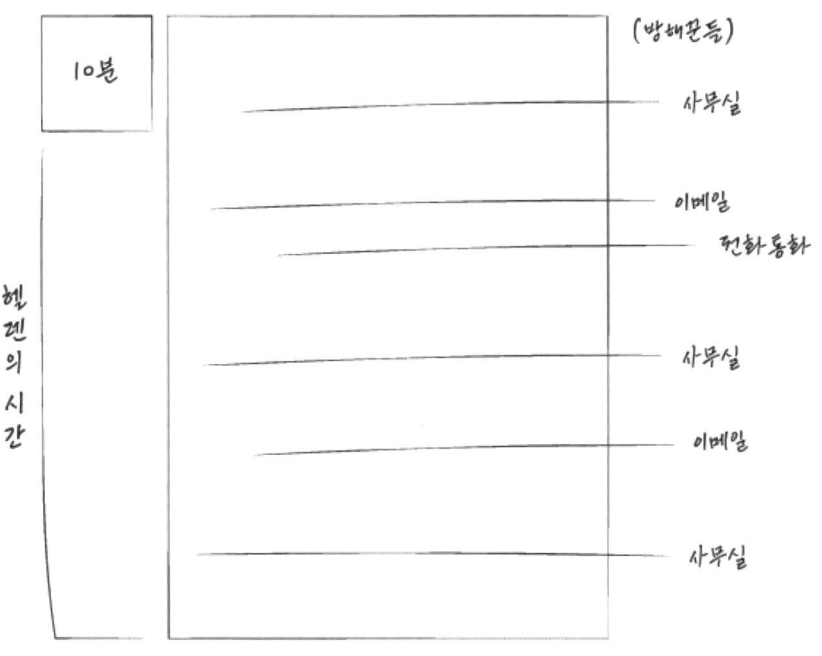

"이것이 대표님의 일상적인 근무시간입니다." 필이 설명했다. "만약 대략 계산해 보면, 대표님은 한 시간에 6번 정도 방해를 받게 됩니다. 10분마다 한 번씩 중단되는 셈이죠."

헬렌은 필이 무슨 시간 여행이라도 발견한 것처럼 탄복하며 필의 그림을 응시했다. "와, 그래요. 무슨 말인지 알겠어요."

"사실 저는 아직 제대로 얘기를 한 건 아닙니다." 필이 대답했다. "우리는 대표님 개인의 '시간의 진실'을 밝히려 합니다. 지금 우리가 한 것은 그 진실을 발견하기 위한 몇 가지 질문을 생각해 본 것이고요. 그럼 이 진실은 대표님에게 무엇을 말하고 있을까요?"

헬렌은 몸을 앞으로 숙여 책상에 팔을 올렸다. "분명하네요, 그렇죠? 내 시간이 너무 쪼개져 있네요. 이게 바로 제 세계예요. 일이 제대로 돌아가지 않는 것도 놀랍지 않네요. 그렇게 많은 방해꾼들이 있으니까!" 그녀는 갑자기 눈을 크게 떴다. "하지만 그게 바로 내가 멀티태스킹을 하는 이유라고요!"

필은 여전히 그림을 들고 무표정하게 앉아 있었다. "말씀 계속하세요."

자신을 방어하고 싶은 헬렌이 이어 말했다. "근무시간에 너무 다양한 일들이 일어나기 때문에, 많은 일을 한 번에 처리할 준비가 되어 있어야 합니다. 필, 나야말로 멀티태스킹의 검은 띠 보유자죠! 몇 년이 걸려 완성한 예술 형식이잖아요!"

"오?" 필이 미소를 지었다. "멀티태스킹이 이제 예술인가요?"

"그래요!" 헬렌이 웃으며 큰소리로 말했다. "그게 아니면 어떻게 일을 다 처리하겠어요? 이 스마트 세상에서는 모든 게 빠르게 돌아가죠. 주요 고객의 질문에 대한 답변, 관리자들에 대한 답변, 영업 대리점 안내 등이 동시에 실행되어야 합니다. 이것이 이 시대에 회사를 이끌어간다는 의미죠. 만약 그 정도로 재빠르게 대처하지 않는다면, 이 친환경적이고 감각적인 패션을 주도하는 배의 선장석에 앉을 수 없답니다!"

"그렇겠죠." 필은 고개를 끄덕였다. "그 여러 가지 일을 어떻게 하고 계신지 말씀해 보세요. 전형적인 일과는 어떻게 돌아가나요?"

헬렌은 잠시 생각했다. "음, 납품업체로부터 온 이메일에 답장을 입력할 것입니다. 그때 누군가가 들어와서 '간단한 질문'을 하겠죠." 그녀는 억지로 미소를 지었다. "누구나 늘 '간단한 질문'이라고 해요."

"아, 그 무서운 '더블 큐Quick Question'로군요. 그래서, 어떻게 하시죠?"

"자, 제가 멀티태스킹의 세계의 검은띠 보유자라는 점을 기억하세요. 질문을 들으면서 계속 이메일을 타이핑하죠. 그리고 질문에 답한 다음 이메일로 돌아갑니다." 그녀는 그의 반응을 기다리며 필을 바라보았다.

"바로 그겁니다. 사실은 대표님이 한 번에 여러 가지 일을 처리한 건 아닙니다. 그렇죠?" 필이 물었다.

"무슨 말이세요? 저는 그 시나리오에서 완전히 멀티태스킹을 하고 있는데!"

"하지만 두 가지 일을 정말로 동시에 하는 것은 아니었죠?" 필이 빙그레 웃으며 대답했다.

헬렌은 다시 의자에 앉았다. "좋아요. 그렇다면 나는 뭘 하고 있었던 거죠?"

"스위치태스킹 중이었어요."

그 말에 헬렌은 메모장을 쥐고 똑똑히 보이는 글씨체로 '스위치태스킹!!'이라고 쓰고는 "흥미롭네요. 계속 말해보세요."라고 말했다.

"대표님은 두 가지 일을 왔다갔다 하고 있던 겁니다." 필이 설명했다. "너무 빨리 바뀌기 때문에 전환에 들어가는 비용에 대해서 인식하지 못한 것뿐입니다. 자신이 그것들을 동시에 했다고 믿는 것은 중요하지 않아요. 실제로 그렇진 않으니까요. 대신, 대표님의 두뇌는 그 두 가지 과제 사이를 넘어 다닌 겁니다."

"흠."

"그러면, 대표님의 사례에서 실제로 일어났던 일을 자세히 살펴보겠습니다." 필은 눈을 가늘게 뜨고 이메일을 타이핑하는 흉내를 냈다. "대표님의 머리는 이메일에 사로잡혀 있었고, 잘 고려한 답장을 쓰고 있는데, 샐리가 '간단한 질문'을 가지고 들어오죠."

"스위치" 필은 책상 위에 있는 헬렌의 메모장을 한번 툭 치고는 그다음에는 자신의 머리를 툭툭 쳤다.

"이메일을 마치기를 간절히 바라는 마음에서 샐리를 잠깐 올려다보면서 그녀에게는 내 관심의 반만 주어도 충분하다고 생각했죠."" …… 그렇게 생각했죠. 스위치."

"하지만 어제 샐리는 대답이 필요했고 대표님의 집중을 요구했어요. 그래서, 대표님은 들으려고 노력했고요. 하지만 마음 한구석에서는 아직도 끝내지 않은 이메일과 자신이 서둘러서 끝내려고 했던 다른 일들에 대해 생각하고 있었습니다. 스위치."

"대표님은 샐리가 방금 한 말을 다 듣지 못하고 놓쳤다는 것을 깨닫고, 샐리에게는 그것이 분명 문제일 거라고 생각하고는 그녀에게 다시 질문을 말해 달라고 부탁했습니다. 스위치!

"그녀는 실망스러웠지만 이번에는 대표님이 그녀의 요구를 들어줄 것이라 생각해서 질문을 반복했습니다. 결국, 대표님은 그녀에게 급하게 답을 주고는 다시 노트북으로 관심을 돌렸습니다."

"스위치!" 헬렌이 끼어들어 말했다.

"바로 그겁니다." 필이 고개를 끄덕였다. "하지만 집중력이 저하되고 중단되었기 때문에 자신이 어디까지 이메일을 쓰고 있었는지 그 위치를 찾는 데 몇 분이 걸렸습니다. 그리고나서 이어지는 생각의 기차에 다시 올라타야 했죠. 하지만 그러기에는 시간이 걸렸습니다. 스위치 그리고 다시 스위치."

헬렌은 잘 모르겠다는 표정이었다. "멀티태스킹이 아니라 스위치태스킹이라는 건 알겠어요. 그런데 뭐가 문제죠? 그래도 나는 모든 일을 다 처리하고 있어요."

"맞아요, 그랬죠." 필이 동의했다. "하지만 매우 비생산적인 방식이죠. 스위치 작업은 비용이 많이 들고 비효율적이자 비효과적입니다. 경제학을 공부해 본 적 있나요, 헬렌?"

"으악." 하고 그녀가 신음했다. "대학에서 제가 가장 싫어하는 과목이었습니다."

"이해할 수 있어요." 필이 빙그레 웃었다. "대부분 사람들은 훨씬 가벼운 것을 선호하죠. 저는 대학 다닐 때 경제 책을 취미로 읽었습니다. 재미있었어요!"

"와, 필. 괴짜로군요." 헬렌이 농담조로 말했다.

"저도 알아요." 필이 인정했다. "대학시절에 배웠던 전환비용의 개념을 기억하시리라 생각합니다."

헬렌은 고개를 끄덕였다. "우리는 여기 그린가브에서 너무 많은 전환비용을 경험하고 있습니다. 꼭 필요한 경우가 아니면 비즈니스에서 피하고 싶은 것이 전환비용이겠죠? 만약 캔자스에 있는 샐리가 담당하는 공급업체가 제대로 기준에 부합하지 못한다면, 다시 말해, 아시아에서 새로운 공급업체를 찾기 위한 그린가브의 전환비용은 얼마나 될까요?"

"우와. 그거 엄청나겠는데요." 헬렌이 대답했다.

"얼마나 될까요?"

"글쎄요, 우선 새로운 공급업체에 대해 배울 시간이 있어야겠습니다. 전체 제품의 가격을 낮출 수도 있겠지만, 다른 피할 수 없는 비용에 대해서는 분명히 큰 타격을 입을 것입니다. 우리는 아마도 중국어를 유창하게 구사할 수 있는 다른 샐리를 새로 고용하거나 아니면 샐리가 중국어를 배우도록 해야 할 것입니다." 그녀는 인상을 찡그리며 말했다. "솔직히, 이러한 공급업체 교체 비용을 생각하면 골치가 아파요."

"당연히 그렇겠죠." 필이 말했다. "공급업체 교체 비용이 골칫거리라면 생산에 드는 비용을 줄여야 하는 이유는 무엇일까요?"

"그게 바로 스위치태스킹이 더 힘든 이유예요, 헬렌. 마이크로스위칭 비용이라고 부르셔도 좋습니다. 캔자스를 이메일이라고 치면 중국은 샐리의 방해가 되겠죠. 둘 사이의 마이크로스위치의 결과는 비용입니다."

헬렌은 고개를 끄덕였다. "설명이 이해되는 것 같아요, 필. 하지만 멀티태스킹이 정말 그렇게 나쁜가요?"

"좋은 질문입니다. 다시 돌아가서 중단된 전자 메일의 예를 분석해보도록 하죠. 그 경우 교환 비용은 얼마였을까요?"

"글쎄요." 그녀는 생각했다. "저는 샐리의 말을 듣느라 집중이 흩어졌고, 그래서 시간이 조금 소비되었다고 생각해요. 하지만 샐리의 말에 주의를 기울이지 않았기 때문에 더 많은 시간을 허비한 셈이 되었네요. 샐리에게 질문을 반복해 달라고 부탁해야 했기 때문이죠. 우리 둘 다 그러느라 시간을 낭비했습니다. 그녀가 질문을 다시 했을 때야 비로소 저는 그녀의 이야기에 집중할 수 있었습니다."

헬렌은 잠시 말을 멈췄다. "그리고나서, 샐리가 들어오기 이전의 생각을 완전히 잊어버렸기 때문에, 내가 뭘 하고 있었는지 찾다가 마침내 그 이메일로 돌아갈 수 있었죠. 오, 이런. 한심하군."

헬렌의 얼굴에 드러난 표정에 필은 만족했다. "또, '간단한 질문'에는 시간이 얼마나 걸렸나요?"

헬렌은 숨을 크게 들이쉬었다. "아마 5분 정도였을 거예요."

"정확합니다."

필은 전화기를 돌려 헬렌에게 그림을 보여 주었다. "이걸 다시 한번 봅시다. 각 시간 대의 수평선에 스위치가 있습니다. 하지만 당신이 실제로 얼마나 많은 시간을 허비했는지 알아내기 전에, 우리는 당신이 만들 수밖에 없었던 여러 종류의 스위치를 더 잘 이해해야 합니다."

"대표님은 그 스위치 중의 일부를 작동시켰습니다. 우리는 전화를 걸기 위해서나 다른 사람과 얘기하기 위해 자리에서 일어나거나, 그냥 이메일로 넘어가는 등을 '능동 스위치'라고 부릅니다. 대표님이 스위치를 만든다면 그것은 능동 스위치입니다.

"나머지는 '수동 스위치'입니다. 이것은 자신이 아닌 어떤 사람이나 다른 무엇에 의해 야기되는 것이죠. 전화기의 문자 메시지 알림, 직원의 방해, 뭐든 자신이 한 것이 아니거나 야기하지 않은 것들을 생각해 보세요."

헬렌은 한숨을 쉬며 고개를 저었다. "나한테는 수동 스위치가 최악이겠군요."

"아마도요." 필이 동의했다. "일반적으로 책임이 많을수록, 회사에서의 지위가 높을수록 수동적 전환을 더 많이 경험하게 됩니다. 그래서 대표님 같은 경우는 별로 놀랍지 않죠."

헬렌은 문 쪽을 가리켰다. "도대체 어떻게 하면 종일 방해 안 받게 할 수 있을까요? 아, 그럼 안 돼요. 내가 그렇게 하면 난리가 날 겁니다!"

필은 손을 치켜들었다. "잠시 후에 해결책을 찾을 수 있을 것입니다. 먼저 이 능동 및 수동 스위치의 비용을 살펴보겠습니다."

"이메일을 쓰는 대신, 그 시간에 그린가브의 재정 상태를 검토한다고 생각해 봅시다." 필은 그 그림의 첫 번째 줄인 "사무실"을 가리켰다.

"첫 번째 스위치는 샐리가 사무실에 들어와서 방해하는 불과 10분 만에 일어났습니다. 우리가 중단된 이메일을 예로 들었을 때 대표님은 5분 정도 시간을 잃었다고 예상했습니다."

필은 도표에 5분짜리 라벨을 붙이고는 말을 이어나갔다. "재무 검토로 돌아간 후 새로운 이메일 알림을 들었을 때 다음 스위치가 발생했습니다."

그는 도형에 그려진 이메일 라인을 가리켰다. "전자 메일을 확인하는 데 드는 평균 스위칭 비용이 얼마 정도 될까요?"

헬렌은 그녀의 펜으로 탁자를 두드렸다. "그렇게 나쁘진 않은 것 같아요. 대부분, 간단히 살펴보고 나중에 다시 보면 되거든요."

그녀는 죄책감이라도 드는 듯 어색하게 미소 지으며 덧붙였다. "중요하다고 판단하지 않는다면요. 그런 때는 바로 답장을 합니다. 그것도 5분 정도 걸릴 것 같아요."

필은 이번에는 이메일 라인 옆에 두 번째 '5분' 라벨을 추가했다.

"그리고 전화가 걸려와 스위치 모드가 바뀌게 되죠."라고 필은 그녀의 휴대전화를 가리키며 말했다. "이것들이 어떻게 합쳐지기 시작하는 건지 아시겠습니까? 이미 재무 점검, 이메일 답장, 전화 통화 이 세 가지 작업이 동시에 벌어지게 되었습니다. 전화 통화의 평균 스위치 비용은 얼마나 될까요?"

"글쎄요, 휴대전화라면 아마 친구나 가족일 거예요. 유치원에 있는 애들일 수도 있고요. 그러니까 전화를 받겠죠." 헬렌이 말했다. "사무실 전화라면 안내원이 전화를 걸러줘요. 그러니까, 만약 그녀가 전화한 거라면 방해할 만큼 충분히 중요한 일일 겁니다. 물론 그녀에게 메시지를 받아두라고 지시할 수 있습니다."

필이 "불가피한 상황을 지연시키는 셈이죠."라고 지적했다.

"그래요, 하지만 어쩔 수 없는 일이에요." 헬렌이 마지못해 동의했다. "대부분 걸려오는 전화는 당면한 업무와 관련이 없지만, 여전히 걸려오는 전화는 충분히 중요합니다. 업무 통화는 평균 7분 정도 걸릴 것 같습니다."

"좋습니다. 스위치 각각에 5분씩의 전환 비용을 잡겠습니다. 괜찮나요?" 헬렌은 고개를 끄덕였다.

"이렇게 되면 총 교환 비용이 32분 정도 소요됩니다. 필은 메모를 몇 장 더 적었다. "이제 어떻게 되었는지 봅시다."

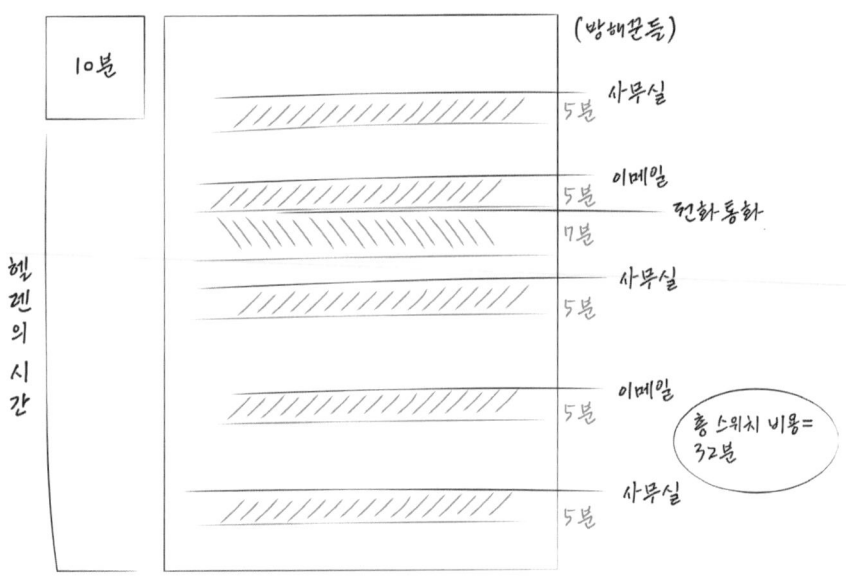

그는 잠시 멈추고 그림을 지긋이 보았다. "이 도표에서 무엇이 보이시는지요?"

헬렌은 믿지 못하겠다는 듯 고개를 저었다. "난장판이군요! 어떻게 한 시간 안에 그런 일이 있을까요?"

"계속해보세요." 필이 말했다.

"그리고 그 시간의 여백을 모두 합치면, 재정에 집중할 수 있는 시간은 30분 정도밖에 남지 않습니다!"
헬렌은 좌절의 몸짓으로 두 손을 들어 보였다. "그보다 더 나쁜 점은 중단

없이, 즉 스위치 없이 사용할 수 있는 가장 긴 시간은 첫 10분이 고작이라는 점이네요. 그다음부터 5분 동안만 일을 하고 있습니다. 믿을 수가 없네! 이래서 마치 고양이 여러 마리를 기르는 듯한 기분이 늘 들었던 거군요!"

필이 웃었다. "이제 이해하시는 것 같습니다. 그리고 들어보세요. 연구 결과도 대표님 편이에요, 헬렌. 연구에 따르면 업무 중단과 비효율성 때문에 잃는 업무 시간이 평균적으로 약 28%라고 합니다. 멀티태스킹, 더 정확히 말하면 스위치태스킹이 가장 큰 원인일 것입니다.

"여기다 급여를 고려해보세요. 직원들의 업무 습관이 이 범위에 해당한다면, 이는 급여의 약 4분의 1이 업무 스위치 때문에 버려지고 있다는 의미입니다. 이는 매달 1주일이라는 시간입니다."

필은 헬렌의 얼굴에서 뭔가 깨달았다는 표정이 나타나는 것을 보았다. "내 경우엔 어떤가요? 이 작은 차트에 따르면, 나는 내 업무 시간의 약 50%를 잃고 있다네요!"

"맞습니다." 필이 동의했다. "하지만 그것은 대표님이 친환경적이고 패션에 민감한 배의 선장이기 때문입니다. 책임이 많으면 산만함도 커진다, 이것이 스위치태스킹의 법칙입니다."

58.8%

멀티태스킹을 줄인 조직의 평균 생산성 향상률.
— Realization Technologies, Inc.에서 수행한 연구

5장

멀티태스킹은 어떻게 시작되었나

> 멀티태스킹이란 한 번에 한 개 이상의 작업을 수행하지 않는 컴퓨터가 프로세서의 처리 능력이 너무 빠르기 때문에 동시에 여러 작업을 수행하는 듯한 인상을 주는 것을 말한다.
>
> — '멀티태스킹'에 대한 기술 사전 정의

헬렌이 자리에서 일어나 기지개를 켜고 심호흡을 했다. 그녀가 다시 앉을 때, 필은 그녀가 생각에 잠겨 있음을 눈치챘다.

"잘 모르겠네요. 모두들 한 번에 서른 가지 일을 한다면서 얼마나 바쁜지 불평한다고요. 멀티태스킹이 실제로 그렇게 나쁘다면 왜 다들 그렇게 올림픽 메달을 목에 걸듯 그 말을 입에 달고 있는 걸까요?"

"글쎄요, 저는 그 단어 자체가 잘못 사용되고 있다고 생각해요. 멀티태스킹은 원래는 컴퓨터가 동시에 여러 작업을 완료하는 방법을 설명하는 데 사용된 것이었어요.

"그 후, 90년대에, 몇몇 영리한 어휘의 장인들이 컴퓨터의 작동과 분주한 사람들이 여러 가지를 동시에 하는 것 사이의 연관성에 주목했어요. 눈에 확 띄는 어휘가 탄생한 거죠. 신문은 자신들의 기사에 이 말로 양념을 더했고, 토크쇼 진행자들이 더 자주 사용하기 시작했으며, 잡지들은 그것에 대한 특집 기사를 내놓았죠.

"너무 자주 사용된 탓에 멀티태스킹이라는 단어가 우리의 일상적 대화의 일부가 된 것입니다."

필이 멀티태스킹에 대한 역사를 강의하는 동안 헬렌은 몸을 노트북으로 돌리고는 -스위치!- 어디서 그런 정보를 얻었냐고 물었다.

"검색해 보세요." 필이 말했다. "첫 번째 결과는 아마 위키백과일 것입니다. 거기서 필요한 정보를 얻을 수 있을 겁니다."

헬렌은 몇 번의 키워드 입력으로 검색했다. "'컴퓨터 멀티태스킹'이란 제목 아래 이렇게 쓰여 있네요. '멀티태스킹은 실행 중인 프로그램을 자동으로 중단시켜 상태를 저장하고 저장된 다른 프로그램의 상태를 로드한 후 거기로 제어를 이전한다.' 우리 회사 IT 직원이 쓴 것처럼 딱딱해요." 그녀가 웃으며 말했다.

"IT 담당자라면 이 문제에 대해 몇 시간은 이야기할 수 있을 것입니다." 필이 동의했다. "'중단 혹은 방해'라는 단어를 주목하세요. 이 말은 어떤 프로그램이 실행되는 동안 다른 한 프로그램은 매우 순간적으로 중지되어야 함을 의미합니다.

"인간의 뇌와 마찬가지로 컴퓨터도 동시에 여러 가지 작업을 수행할 수 없어요. 프로세서가 프로그램 간에 너무나 빠르게 전환되기 때문에 마치 한 번에 모든 작업을 수행하는 것처럼 착각하게 되는 거죠."

헬렌이 고개를 끄덕였다. "'인간 멀티태스킹' 아래에 '한 가지 이상의 작업을 수행하는 것은 명백한 인간의 능력'이라고 되어 있습니다. 하지만 '명백한'이라고 번역되는 apparent에는 '…인 것처럼 보이는'이라는 뜻이 있어요. 그렇다면 그것은 실제로 일어나지 않는다는 의미입니다, 그렇죠? 그래서 멀티태스킹이 시간 낭비라는 것이고요."

"그리고 '스위치태스킹'이 멀티태스킹보다 더 정확한 단어인 이유이죠 … 대부분." 필이 답했다. "그런데 여러 가지 작업을 수행하면서 시간을 생산적으로 사용할 수 있는 작업 방식이 있긴 합니다."

"잠깐만, 처음엔 나더러 멀티태스킹을 할 수 없다고 말하더니, 지금은 할 수 있다고 말하는 거예요?" 헬렌은 그녀의 펜과 메모지를 집으려고 손을 뻗으면서 농담을 했다. "그런데 거기에도 기발한 용어를 붙이실 거죠?"

"넵! 들어보세요."

헬렌은 시험이 시작되기를 기다리는 대학생처럼 펜을 패드 위로 몇 번 클릭했다.

필은 과장되게 숨을 들이마시며 말했다. "백태스킹."

헬렌은 "BACKTASKING!!!"이라고 쓰고 그 메모지를 찢어서 책상 위에

붙였다. 그리고 이번에는 좀 더 극적으로 리액션했다. "백태스킹이라고요? 흥미롭군요. 그게 뭐죠?"

필은 빙긋 웃었다. "백태스킹은 '백그라운드 태스킹'의 줄임말입니다. 두 가지 혹은 그 이상의 일을 할 때에 그중 하나만 작업자의 주의를 필요로 하고, 그 밖의 모든 일은 백그라운드에서 일어나는 것을 말하죠.

"예를 들어, 저녁을 먹으면서 TV를 보거나 조깅과 음악을 듣는 것 같은 거요."

"프린터가 내년 가을 드레스 라인의 복사본을 찍어내는 동안 나는 컴퓨터 작업을 하는 것, 이건 어떨까요?" 헬렌이 물었다.

"매우 '적합한' 백태스킹의 완벽한 예네요." 필은 빙긋 웃으며 대답했다.

헬렌은 눈을 굴렸다. "아주 '적절하죠.' 근데 필, 운전하면서 통화하는 건 어떨까요?"

필은 미소를 지었다. 전에도 같은 질문을 고객들로부터 여러 번 들었었다.

"대표님 질문이 처음이 아닙니다. 그런 질문에 제가 항상 하는 대답이 있어요. 주의산만을 금지하는 운전법이 존재하는 이유와 같아요. 운전 중 음성 통화와 전화기를 사용하는 경우에 대한 것이죠.

"주의산만 운전의 위험성에 대한 연구와 통계는 저도 보여드릴 수 있고, 지역 교통경찰도 마찬가지일 겁니다. 사실은 이렇습니다. 주의가 산만한 상태에서 운전을 할 경우 음주나 약물의 영향 아래에서 운전하는 것과 거의 같은 정도의 위험을 초래하게 됩니다. 그러니 주의가 산만할수록 위험도 커지게 되죠."

"운전자가 필요 없는 차라면?" 헬렌이 끼어들었다. "그건 백태스킹이겠죠?"

"그렇습니다." 필이 말을 이었다. "만약 정말로 운전자가 필요 없다면. 아니면 다른 사람이 운전하고 본인은 뒷좌석에 앉아 간다면요. 그렇지 않으면, 그냥 하지 마세요. 그것은 스위치 작업이며, 당신과 주변 모두에게 너무 큰 비용과 위험을 지우는 것입니다."

"그건 두말할 나위가 없죠." 헬렌이 말했다. "하지만 나와 우리 직원들로 다시 돌아가면, 백태스킹은 비즈니스에 좋은 반면 스위치태스킹은 좋지 않다는 말씀이신가요?"

필은 조심스럽다는 뜻으로 손을 들었다. "이것은 옳고 그름의 문제가 아니라 수학과 생산성의 문제입니다. 스위치 작업이 효율성이 떨어지고 효과도 낮다라고 생각해 주세요.

"반면 백태스킹은 효율적이고 효과적일 수 있습니다." 필은 재빨리 이렇게 덧붙였다. "만약 정말 제대로 하고 있다면요."

"하지만 대부분의 사람이 '멀티태스킹'이라고 말할 때, 백태스킹을 말하는 건 아닙니다. 그렇지 않아요, 필?"

필은 고개를 저었다. "다는 아니예요. 대부분의 사람은 멀티태스킹을 시도하지만 사실은 스위치태스킹을 하고 있는 겁니다. 그들이 그런 식으로 일하고 있다면, 가장 비생산적인 방식인 거죠."

27초

주행 중 음성 명령을 내린 후 다시 운전에 집중하는 데 걸리는 시간(초).

— '교통 안전 AAA 재단'을 위한 유타 대학교 심리학과의 Strayer와 Cooper가 수행한 연구

6장

멀티태스킹 실습

11%

멀티태스킹에 의한 시험 점수 감소율 11% 그렇지 않은 시험 점수 감소율 11%

— 맥마스터 및 요크 대학의 사나, 웨스턴, 세파다 교수 연구

헬렌과 필은 문을 두드리는 소리에 화들짝 놀랐다. 헬렌은 짜증스럽다는 듯 고개를 저었다. "이것 보세요! 스위치태스킹이야말로 여기 그린가브에서 작동되는 업무 방식이에요, 필."

첫 번째 노크에 대답이 없자 두 번째 노크의 소리는 더 커졌다. 문이 삐걱 열리더니 샐리가 머리를 쑥 들이밀었다.

"정말 미안해요, 헬렌. 방해받고 싶지 않다고 말씀하셨지만 빨리 질문 하나 드리려고요."

헬렌은 여전히 필을 보면서 말했다. "멀티태스킹 전문가님 '간단한 질문'을 피하라고 하셨는데, 이럴 땐 어떻게 해야 하는 거죠?"

"그건 대표님이 내릴 결정입니다, 헬렌." 필이 대답했다. "저야 당신 마음대로 할 수 있지만, 제 시간은 제한되어 있습니다. 이 상황에서 가장 좋은

질문은 '이런 간섭으로 인한 전환비용이 얼마일까?'라고 묻는 것입니다."

헬렌은 천천히 고개를 끄덕이고 나서 샐리에게로 돌아섰다. "기다려도 되는 사안일까, 샐리? 내 말은, 이게 비상상황인가요?"

샐리는 한숨을 쉬었다. 그녀가 헬렌의 의사결정을 듣기 위해 기다리는 것에 익숙해져 있음이 분명했다. "이건 정말 간단한 질문이에요. 바로 하던 일로 돌아갈 수 있습니다. 큰 문제가 아니라고요."

"큰 문제는 멀티태스킹이 거짓말이라는 거지. 샐리, 자네는 내 관심을 요구하고 있고, 그렇게 되면 나의 생산성이 떨어지게 된다고." 헬렌이 대답했다.

샐리는 신음소리를 냈다. "저 사람이 당신에게 그렇게 말했나요?" 그녀는 필을 향해 비난의 손가락질을 했다. 필은 깜짝 놀라 눈썹을 치켜올렸다.

헬렌이 눈을 깜박거렸다. "맞아, 샐리. 방금 필이 멀티태스킹이 도움이 되기보다 해로운 이유를 설명했어."

"물론, 그랬겠죠." 샐리가 쏘아붙였다. "필은 남자고, 남자는 동시에 여러가지 일을 할 수 없어요. 하지만 여성들에게 멀티태스킹은 삶의 한 방식입니다. 어딘가에서 여성이 남성보다 멀티태스킹에서 더 낫다는 사실을 입증한 적이 있어요."

필은 미소를 지으며 최선을 다해 놀란 표정을 가장했다. "흥미롭네요. 어디서 들었을까요?"

샐리는 잠시 말을 멈추고 한쪽 눈을 감으며 기억을 더듬었다. "언젠가 친구가 말해줬어요. 그 친구가 어디서 들었는지는 기억이 안 나네요. 블로그 게시물이나 온라인 동영상일 수도 있고요."

"실제로 샐리, 내가 하나 알려드릴게요." 필이 말했다. "멀티태스킹에 대한 성별 논쟁에 관해서는 처음 듣는 얘기가 아닙니다."

이제 필은 헬렌과 샐리 두 사람을 향해 말하고 있었기에 조금 더 조심스럽게 주제에 접근했다. "남성과 여성 뇌 화학의 차이를 보여 주는 많은 연구가 있습니다. 하지만 멀티태스킹에 관해서는 성별에 차이가 없다는 것을 보여 주는 연구 결과도 여럿 있습니다. 또 어떤 연구는 여성이 남성보다 교환 비용이 적게 든다는 것을 보여줍니다."

"전환 비용은 시간을 허비할 때 발생한다고 해." 헬렌이 샐리에게 설명했다. "그래서 여성들이 남성들보다 낭비하는 시간이 적다는 거죠, 필?"

"거봐요? 내가 말했잖아요!" 샐리가 끼어들었다.

"하지만, 샐리." 필이 말을 이었다. "그것은 오해를 불러일으키는 발언이에요."

샐리가 고개를 저었다. "제가 아는 것은 제가 여기 있는 대부분 남자보다 더 많은 일을 동시에 처리할 수 있다는 것입니다. 남자들은 멀티태스킹이라면 두 손 들고 말죠. 그린가브를 포함해서 평생 그걸 봐왔어요!"

그녀는 빨간 테 안경을 헬렌에게 향하고는 말을 이었다. "그걸 못 봤다고 말할 순 없지 않아요, 헬렌. 멀티태스킹이라면 남자들이 더 힘들어 보이지 않나요?"

헬렌은 고개를 약간 끄덕이며 필을 바라보았다. "샐리가 완전히 틀린 것은 아닙니다."

"맞아요, 완전히 틀리진 않아요." 필이 대답했다. "여성 중역들과의 업무에서 저는 개인적으로 여성이 남성보다 교환 비용이 적게 드는 것을 봐 왔습니다."

"그렇다고요!" 샐리가 주먹을 불끈 쥐었다.

"하지만," 필이 말을 이으려고 할 때, 헬렌이 그 문장을 마무리했다. "그래도 여전히 비용은 비용이다."

"바로 그겁니다." 필이 고개를 끄덕였다. "나이, 성별, 배경 따위는 중요하지 않습니다. 작업의 전환에는 항상 비용이 발생합니다. 이건 단순 수학의 문제이며, 어쩔 수 없는 일이에요. 말로만 하지 말고 작은 실험을 해보는 것이 이해에 도움이 될 거 같습니다.

"종이 몇 장 사용할 수 있을까요? 비용이 얼마인지 명확하게 설명하는데 도움이 될 만한 것을 보여드리고 싶습니다."

헬렌은 의자를 빙 돌려서 상자에서 몇 장의 폐지를 꺼냈다. 그녀는 샐리에게 한 장을 건네주고는 한 장은 자신이 가졌다.

필이 계속했다. "샐리, 우리와 간단한 실습을 할 시간이 있나요?"

"얼마나 걸릴까요? 할 일이 많아서요."

"당연히 그러시겠죠. 3분 정도밖에 안 걸릴 거예요." 필이 대답했다.

샐리는 의자에 털썩 앉아 헬렌으로부터 받은 종이를 펼쳤다. "좋아요. 작은 실습을 해보죠."

필은 종이 한 장을 손에 쥐고 잠시 뭐라고 적었다. 그리고 그는 그 결과를 그 둘에게 보여 주었다. "이 도표를 자신의 종이에 그려주세요,"

	Multitasking is worse than a lie
M —	
M —	

헬렌과 샐리는 잠시 필이 스마트폰에 그려놓은 것을 따라 그렸다. '멀티 태스킹은 *거짓말보다 나쁘다*.'라고 된 맨 위에 있는 문장도 함께 넣었다.

"좋아요." 필이 시작했다. "이것은 시간을 재야 하는 실습이니, 제가 '시작'이라고 말할 때까지 기다려주세요. 먼저, 'Multitasking is worse than a lie'_{멀티태스킹이 거짓말보다 나쁘다}라는 문구를 첫 번째 줄 빈칸에 베껴 쓰세요. 그러면 다음 줄부터는 1번부터 27번까지 순서대로 써주시면 됩니다. 알겠죠?"

"네." 헬렌이 말했다. "먼저 문장을 쓰고, 그다음 숫자를 쓴다."

"맞습니다. 숫자로 이동하기 전에 문장 전체를 복사해 두기만 하면 됩니다."

"페이지의 나머지 두 행은 어떻게 하나요?" 샐리가 물었다.

"일단 그냥 놔두세요. 다음 라운드에서 사용하겠습니다." 필은 시계를 눈높이에 맞추고 두 여성을 쳐다보았다. "준비됐나요?"

 헬렌과 샐리는 이미 시작할 준비가 되어 있었다. 그들은 재빨리 고개를 끄덕였다.

"그러면, 시이이작!"

 샐리와 헬렌은 가능한 빨리 글을 썼다. 종이 위에서 사각거리는 펜 소리 외에는 방이 조용했다.

"다했다!"라고 그들은 거의 일제히 말했다.

"29초"라고 필은 여자들이 함께 마쳤을 때 말했다. "두 번째 줄의 끝에 29초라고 써두세요."

	Multitasking is worse than a lie
M I	Multitasking is worse than a lie 1 2 3 4 5 6 7 8 9 10 11 12 13 14 15 16 17 18 19 20 21 22 23 24 25 26 27 (29초)
M I	

"자, 이번엔 누가 멀티태스킹을 더 잘하는지 알아보죠. 멀티태스킹을 사용하는 데 얼마나 걸리는지 시간을 맞춰봐야 정말 멀티태스킹이 거짓말보다 더 나쁜지 알 수 있을 것입니다." 필이 말했다.

"그러나 이번 라운드에서는 첫 번째 줄에 쓸 때마다 다음 줄에는 1부터 27까지 숫자를 써야 합니다." 필이 핸드폰으로 시연해 보였다. "이 위쪽에 있는 'M'부터 시작하세요. 바로 밑에 1번을 써주시면 됩니다. 글자 'U'와 숫자 2도 마찬가지입니다. 이해했나요?"

"넵." 헬렌이 말했다. "'Multitasking is worse than a lie'라는 문구를 쓰

고 아래 숫자를 1에서 27로 추가할 때까지 글자와 숫자를 번갈아 가며 쓰는 전환 연습을 하라는 것이죠. 알았어요."

"좋아요. 문자와 숫자를 번갈아 쓰는 것을 잊지 마세요."
다시 한번, 필은 연습의 시작을 알리기 위해 시계를 들었다.

"준비됐나요?"

샐리와 헬렌은 펜을 들고 서류 위로 몸을 숙였다. "네." 그들이 일제히 대답했다.

"시작!"

몇 초가 지나자 헬렌이 킬킬거리며 말했다. "이거 보기보다 어렵네요!"

"아악!" 샐리는 우는 소리를 했다. "엉망이야."

필은 그들의 어떻게 하고 있는지 진행 상황을 메모하면서 그들의 종이를 넘겨보았다.

헬렌이 마지막 번호를 쓰자, 필은 "대표님은 60초"라고 알려주었다.

샐리는 조금 더 걸렸다. "63초네요, 샐리. 네 번째 줄 끝에 걸린 시간을 쓰세요."

헬렌은 웃었다. "학창 시절로 돌아가 시험을 보는 것 같아요."

샐리는 조용했다. 그녀는 믿을 수 없다는 듯한 표정으로 자기 종이를 응시하고 있었다.

잠시 후, 그녀는 기운 없는 목소리로 말했다. "저는 당신이 이걸 가지고 뭘 하는지 알고 있었어요. 이번 라운드는 시간이 더 오래 걸릴 것 같은 느낌은 들었지만, 두 배나 더 걸릴 거라고는 몰랐네요."

필의 시선이 헬렌에게 건너갔다. "샐리에게 설명해주실래요?"

M1	Multitasking is worse than a lie
	Multitasking is worse than a lie 29초
	1 2 3 4 5 6 7 8 9 10 11 12 13 14 15 16 17 18 19 20 21 22 23 24 25 26 27

M1	
	Multi*t*asking is worse than a lie 63초
	1 2 3 4 6 7 8 9 10 11 12 13 14 15 16 17 18 20 22 23 25 27
	5 19 21 24 26

헬렌은 목청을 가다듬었다. "아, 전환비용이겠죠? 우리가 방금 한 일은 멀티태스킹과 거의 비슷하죠. 두 번째 실습에서는 두 가지를 동시에 하려고 했습니다. 하지만 우리가 문자와 숫자를 왔다갔다 할 때마다, 전환 비용이 발생했습니다. 펜을 '위아래'로 움직이는 것에도 약간의 비용이 듭니다."

"정신의 전환도 잊지 마세요," 필이 말했다. "글자 행과 숫자 행 사이를 왔다갔다 할 때마다, 여러분은 어디에 있고 무엇을 써야 하는지 기억해야 했습니다."

"네, 맞아요." 헬렌이 동의했다. "내게는 그것이 가장 큰 비용이었다고 생각합니다. 실수를 바로잡아야만 했던 것은 말할 것도 없고요."

샐리는 두 번째 실습에서 자신이 얼마나 실수를 했는지 찾아봤다. "좋아요, 좋아. 하지만 모든 멀티태스킹이 나쁜 건 아니죠? 제 말은, 저는 그런 식으로 많은 일을 하거든요."

헬렌과 필은 서로를 바라보며 미소지었다. "백태스킹에 대해서는 제가 나중에 설명해줄게요." 헬렌이 눈짓을 하며 필에게 말했다.

"이건 좋고 나쁨에 관한 것이 아닙니다." 필이 설명했다. "효과와 효율에 관한 이야기입니다."

샐리는 조용히 들었다.

"하지만," 필은 빠르게 말을 이어갔다. "제 경험으로 보자면, 사람들 대부분이 멀티태스킹을 …"

"스위치 태스크!" 헬렌이 필의 말을 고쳐주었다.

필은 빙긋 웃었다. "사람들은 별 도움이 되지 않을 때도 간혹 스위치 태스크를 하는 경향이 있습니다."

> 멀티태스킹 비용을 보여 주는 지표인,
> 응답 시간이 느려지는 현상은 나이와 큰 상관관계를 나타내지 못했으며
> 성별과도 큰 차이를 보이지 않았다.
>
> — UC 샌프란시스코 신경학부의 알하시미 Al-Hashimi,,
> 잔토Zanto 및 가잘레이Gazzaley의 연구

7장

멀티태스킹 사례

> "만약 제가 당신과 얘기하면서 동시에 제 스마트폰을 확인하고 있다면, 저는 둘 다 하지 않는 것입니다. 우리 사회가 혼란스러운 이유는 바로 한 번에 여러 가지 일을 효과적으로 해낼 수 있다는 잘못된 인식 때문입니다."
>
> — 디팍 초프라 Deepak Chopra

샐리는 필의 멀티태스킹을 실습한 후 자신의 생각을 정리하던 중이었다. 그런데 밖에서 뭔가가 그녀의 관심을 끌었다. "내가 지금 당신 주장의 완벽한 예를 보고 있는 거 같아요. 창밖을 좀 보세요."

헬렌과 필은 몸을 돌려 샐리가 보고 있는 곳을 쳐다보았다. 헬렌의 2층 사무실에서는 창문을 통해 1층 사무실 구역이 완벽하게 보였다.

한 지방대의 티셔츠를 입은 젊은 남성이 자리에 앉은 여성 동료 옆에 서 있었다. 필에게는 그가 동료에게 매우 중요한 내용을 알리려는 것처럼 보였다.

"트레이시 좀 봐요." 샐리가 창밖을 가리키며 말했다. 동료인 트레이시는 옆에 서 있는 남자에게 귀를 기울이면서 컴퓨터 모니터에 집중하려 하고 있었다. "그녀에게 제이슨이 하는 말이 들리기라도 할까요?"

"제이슨은 인턴이에요." 헬렌이 필에게 설명했다. "일은 잘하지만 때때로 조금 과잉이 될 때가 있죠. 트레이시는 그의 사수이고요."

제이슨은 계속해서 열변을 토했고 트레이시는 그녀의 컴퓨터 화면에 시선을 고정하고는 듣고 있다는 표시로 고개를 끄덕였다.

"오! 저것 봐요!" 샐리는 흥분해서 말했다. "이제는 걸려온 전화를 받으려고 가버렸네요!"

제이슨은 그대로 서서 문장의 중간쯤을 말하다 말고 트레이시가 멀어지는 것을 멍하니 지켜보았다. 그는 낙담하여 팔을 떨구고 고개를 저으며 몸을 흔들었다.

"가엾은 인턴 제이슨." 샐리가 동정적인 어투로 말했다. 헬렌은 샐리를 힐끗 쳐다보았고, 필은 그녀의 얼굴에 의심의 눈길이 떠오른 것을 알아챘다.

아래층 장면이 끝나자 필은 부드럽게 말했다. "멀티태스킹을 시도하다가 작업의 효율과 효과를 잃는다는 것만으로도 상당히 나쁜 일입니다. 그런데 멀티태스킹 혹은 스위치태스킹이 다른 사람에게 관련되면 비용 요소가 더 커지죠.

"사람은 집에서든 직장에서든 관심을 받을 자격이 있습니다. 우리가 그들에게 부분적이고 단편적으로만 관심을 준다면, 전환비용은 관계를 손상하는 것으로까지 커지죠.

"방금 목격한 것 같은 순간에는 자신이 중요한 사람이 아니라고 느끼게 됩니다. 사람들은 늘 제게 이런 불만을 토로하거든요."

"나는 그린가브의 모든 직원들이 자신들이 중요하다고 느끼기를 바랍니다." 헬렌이 말했다.

필은 고개를 끄덕였다. "그러시겠죠. 그리고 대표님이 그들에게 집중하면, 그들은 그렇게 느끼게 됩니다. 하지만 그들에게 집중하지 않는다면, 그것은 누군가에게 '안녕, 넌 중요하지 않아'라고 말하는 것에 맞먹는 행동입니다."

이 대목에서 샐리는 소리 내어 웃었다. "우리는 절대 그러지 않아요!"

"물론 아니겠죠." 필이 대답했다. "하지만…"

"하지만 우린 사실 그렇게 해요, 그렇지 않나요?" 헬렌이 말했다. "일상적으로."

필이 멈칫했다. 두 여성 모두 깊은 생각에 잠긴 듯 보였기에 그는 그들에게 생각할 여유를 주었다.

샐리가 먼저 침묵을 깼다. "인정할 수밖에 없네요. 이 점에 대해 노력해야겠어요. 저는 사람들에게 제 전폭적 관심을 기울이기가 어려워요."

필은 격려하는 의미의 미소를 지었다. "우리 모두 그랬어요, 샐리. 또한 멀티태스킹(스위치태스킹)이 허용 가능한 것으로 간주되는 한 계속 그럴 것이고요.

"제가 말하려는 메시지는 이겁니다. 즉, 누군가가 '멀티태스킹을 잘한다'고 말한다면, 그는 사실은 자신이 비효율적으로 일한다고 자백하는 것입니다. 그것은 마치 동시에 여러 가지 일을 망치는 습관을 들인다는 것을 공개적으로 인정하는 것과 같습니다.

"그리고 아이러니하게도, 멀티태스킹을 잘한다고 생각하는 사람들은 통계적으로 그 일을 가장 못할 가능성이 더 높습니다.

"스위치 작업을 얼마나 효과적으로 수행하느냐는 중요하지 않습니다. 그것은 여러분이 일을 하는 데 시간이 더 오래 걸리게 만들고 그 과정에서 관계를 해치게 만듭니다. 가능하면 한 번에 한 가지 활동 혹은 한 사람에게 집중하는 것이 좋습니다."

> "가장 일반적으로 멀티태스킹이 우리에게 해를 끼치는 방법은 인간관계에 영향을 주는 것입니다… 내가 당신에게 나의 100%를 주지 않는다면, 그것은 내가 당신을 나의 100%의 가치로 여기지 않는다는 뜻입니다."
>
> — Mayo Clinic Mind Body Initiative의 교수 겸 의장,
> 아미트 수드Amit Sood 박사

8장

샐리의 질문

정확한 시간은 언제죠?

> **23%**
> 개방형 사무실 환경에서 작업자의 업무가 중단될 확률의 증가율
>
> — 다비시Dabbish, 마크Mark, 곤잘레스Gonzalez의 컴퓨터 시스템의 인적 요인에 관한 콘퍼런스에서 제시한 연구

3인조 그룹이 창문에서 돌아선 후 샐리는 원래 헬렌에게 하려던 질문을 할 수 있었다. 놀랍게도, 헬렌이 이제 샐리에게 더 집중하고 있음을 필은 알아차렸다.

하지만 샐리는 방을 나서기 전에, 잠시 멈춰서 헬렌에게 물어보고 싶었던 다른 것을 찾기라도 하듯 자신의 전화기를 뒤적거렸다. 필은 그녀가 눈썹을 찡그리고 입술을 오므리는 모습을 보았다. 잠시 후, 그녀는 어깨를 으쓱하고 문으로 향했다.

"샐리, 나가시기 전에 뭐 좀 물어봐도 될까요?"

"그럼요, 필. 무슨 질문이시죠?"

"당신은 헬렌의 사무실을 나서다가 두 번 멈추었습니다, 그리고는 전화기를 보면서 무언가를 찾아내려고 하는 것처럼 보였습니다. 그 이유를 물어

봐도 될까요?"

샐리는 놀란 것처럼 보였다. "정말?! 내가 그랬다고요? 미처 몰랐네요."

그녀는 전화기를 힐끗 쳐다보더니 멍하니 머리를 긁적거리면서 답했다. "효율적이 되려고 노력하느라 그런 것 같아요. 기회가 있을 때 헬렌에게 물어봐야 할 모든 것을 물어봤는지 확인하고 있어요. 이게 그 질문에 답이 될까요?"

필은 미소를 지었다. "완벽해요."

"고마워, 샐리." 헬렌이 말했다.

필은 샐리가 문을 닫는 것을 지켜보다가 헬렌에게 돌아섰다. "사무실에 들어오는 사람들에게 이런 일이 꽤 흔한 일인가요? 대화를 나눈 후 잠시 멈춰서 필요한 모든 것을 다뤘는지 확인하는 것 말입니다."

"네, 그런 것 같아요." 헬렌은 잠시 생각을 하려는 듯 멈추었다. "네. 당신 말이 맞는 것 같아요. 당신이 지적했듯이 직원들은 항상 그래요. 마치 이 방을 나가기 전 매 순간 나를 쥐어 짜내려고 하는 것처럼요. 어떤 경우엔 실제로 문 앞에까지 바래다줘야 간신히 다시 일을 시작할 수 있다니까요!"

필은 웃으며 고개를 끄덕였다. "그들이 그렇게 하는 이유는 한 단어로 요약될 수 있습니다."

필은 핸드폰에 있는 낙서 앱을 열고 이렇게 썼다.

WHEN

"언제?" 헬렌은 어리둥절한 표정을 지었다. "무슨 말씀이세요?"

"이 회사의 직원들은 언제 다시 당신과 이야기할 기회가 있을지 모르기 때문이죠. 그들은 지속적인 스위치태스킹 모드에 익숙해져 있는 겁니다." 필은 화면에 커다란 물음표를 덧붙였다.

WHEN?

헬렌이 반응이 없자 필이 말을 이었다. "언제 당신이 자신의 말을 들을 여유가 생길지 늦출지 모른다는 두려움을 가진 겁니다. 기본적으로 직원들은 일단 대표님의 관심을 받는 기회를 그냥 넘기지 말아야 한다는 것을 배웠습니다."

헬렌은 이맛살을 찌푸렸다. "패턴이 보이네요, 필. 내가 뭘 어떻게 할 수 있을까요? 저는 바빠서 언제나 시간이 부족할 것 같아요. 그래서 문을 닫아야 해요. 그렇지 않으면, 내 사무실은 도심 러시아워처럼 보일 거예요. 사람들이 드나들며 갖가지 질문을 던지겠죠."

필은 물음표를 지우고 그 밑에 두터운 선을 그었다.

"직원들이 믿을 수 있는 확실한 '때' 즉 '때'를 직원들에게 주면 두려움이 사라집니다. 그들은 그 '때'에 의존하는 법을 배우고 그 '때'까지 대부분의 질문을 보류하기 시작할 것입니다. 직원들이 '때'에 의지하면 스위치 작업이 많이 감소할 것입니다."

"그럼, 필. 도대체 직원들에게 '때'를 어떻게 알려주죠? 하루에 일어나는 일은 대부분 통제가 안 돼요."

헬렌의 좌절감을 느낀 필은 잠시 말을 멈추고 어조를 누그러뜨렸다. "직원을 위한 명확한 '*때*'를 만드는 두 가지 간단한 방법이 있습니다."

필은 페이지를 들고 밑줄 친 '때' 아래에 글머리표 두 개를 그렸다.
'때' :

때 (WHEN)

- 정기적인 회의 시간을 정한다.
- 허용 가능한 시간이 있음을 분명히 알게 해준다.

헬렌은 글머리표 내용을 읽으며 요점을 파악하기 위해 주의 깊게 두 번 읽었다.
"좋아요. 이게 무슨 뜻이죠?"

> "집중력의 부족이 위대성이 부족한 이유입니다."
>
> — 제리 사인필드, '사인필드와 함께 커피 드라이브'에서

9장

반복적 회의

> "아무리 단순하다고 해도, 까다로운 일 두 가지를 동시에 수행할 수는 없다."
>
> — UC 샌디에이고 심리학 교수인 할 파쉴러Hal Pashler

"먼저, 반복 회의에 대해 이야기해 봅시다. 그리고 샐리를 그 예로 삼을 것입니다. 샐리도 단골 방문객 중 한 명일 테니까요."

헬렌은 필의 추측에 미소를 지었다. "하루에 열 번이 '잦은 방문객'이라면, 당신이 맞아요, 필."

"알았어요." 필이 재빨리 엄지손가락을 치켜세우며 말했다. "하루에도 여러 번 샐리를 만나기 때문에, 나는 당신이 아마도 샐리와 20분은 매일 반복적인 회의가 필요할 것이라고 추산하겠습니다."

"그걸로 충분할까요?" 헬렌이 물었다. "샐리가 매일 나를 찾아오는 시간을 합산하면 그것보다 훨씬 더 많은 것 같아요."

"헬렌, 기억하세요." 필은 그녀의 말에 놓치지 않고 말했다. "대표님은 샐리의 방해로 인해 스위치태스킹을 해왔죠. 이는 대표님 업무가 극도로 비효율적이 된다는 의미입니다. 필요한 시간보다 두 배나 많은 시간을 샐리와의 대화에 보내고 있는 겁니다."

"아니면 더 길 수도 있고요." 헬렌이 중얼거렸다.

필은 고개를 끄덕였다. "어림잡아 매일 20분으로 잡을게요. 원하시면 언제든지 조정할 수 있습니다. 자, 그럼 한번 해봅시다. 샐리와 매일 20분씩 회의를 한다면 대표님의 일정에서 가장 편한 시간이 언제일까요?"

"글쎄요, 그건 머리 쓸 일이 아니에요. 일을 시작한 지 한 시간 정도 지난 때가 될 겁니다."라고 헬렌이 길게 끌지 않고 대답했다. "대개 내가 꺼야 할 불이 어디서 났는지 찾아낸 후, 그리고 제가 이메일을 검토하고 난 다음이 될 테니… 10시로 잡아요."

"좋습니다." 필은 자신의 앱에 '매일 한 번, 오전 10시에 20분'이라고 썼다.

"저 있죠, 헬렌. 대표님은 방금 샐리를 위해 '미팅 시간'을 정했습니다. 이제 그녀는 당신과 이야기할 수 있는 시간이 언제인지 알게 될 것입니다."

"그렇겠죠." 헬렌이 말했다.

"이 단순한 반복 회의는 일터의 마법과도 같은 작용을 합니다."라고 말하는 필의 목소리는 점점 더 열정적이 되었다. "다른 고객들과의 경험으로 보아도, 직원들과 매일 정기 회의를 하면 전환이 상당히 줄어듭니다. 아무렇게나 끼어들던 것들이 마법처럼 사라지기 시작하죠."

"맞아요." 헬렌이 덧붙였다. "이제 '미팅 시간'을 정해두었기에 회사의 샐리 같은 직원들은 자신의 대표에게 이야기할 기회가 있음을 알기 때문이겠죠."

"맞습니다."

"또 나는 샐리가 정해진 그 시간까지 기다려야 한다고 생각해요. 하지만 긴급 상황은 어떨까요?" 헬렌이 물었다. "때로는 그 정해진 회의 시간보다 더 급히 저와 대화해야 할 때도 있습니다."

"물론입니다." 필이 대답했다. "진정한 긴급 상황에는 대응해야죠. 우리의 목표는 전환비용을 합리적으로 줄이는 것입니다. 그리고 비상사태가 일어나지 않을 것이라는 예상은 합리적이지 않아요.

"하지만, 우리는 누구나 비즈니스에서 일어나는 일 대부분은 긴급 상황이라기보다는 조급함에 해당한다는 것을 알고 있습니다."

헬렌은 잠시 생각했다. "샐리가 그 차이를 어떻게 알까요?"

"그냥 물어보세요." 필이 대답했다. "'예정된 일대일 미팅까지 기다릴 수 없는 일인가?'라는 질문을 활용할 수 있어요. 상황이 허락한다면, 기다리겠죠. 만약 답이 그럴 수 없다라면…"

"조급증이 아니라 진짜 긴급 상황인 거겠죠." 헬렌이 말을 맺었다.

"맞아요." 필이 말했다. "그리고 대표님이 샐리에게 이렇게 몇 차례 질문하고 나면 그녀는 불쑥 찾아오기 전에 먼저 판단을 내리기 시작할 것입니다. 둘 다 그런 상황에 대비하고 싶어할 테니까요. 이는 무엇을 얘기할 것인지 그 목록을 작성한다는 뜻입니다. 하지만 이 주제는 따로 날 잡아서 계속할 내용입니다."

헬렌이 얼굴을 찡그렸다. "회사의 모든 직원과 정기 회의를 가질 필요가 있나요?" 그녀가 물었다. "그러려면 일주일 내내 회의만 하는 것만 해도 바쁠 거예요!"

필은 미소를 지었다. "대표님에게 책임이 있는 일이거나 대표님에게 정기적으로 요청해야 할 의사결정 관련 질문이 있는 사람들과만 정례적 회의가 필요합니다." 필은 '하루에 한 번'이라고 쓴 글머리표 아래에 '책임 사항'과 '정규 질문'이라는 문구를 추가했다.

"얼마나 자주 만나야 될까요?" 헬렌이 물었다.

"직원의 필요에 따라 다르겠지요. 지금 하루에 한 번만 헬렌의 시간을 요구한다면 일주일에 한 번이면 충분할 거예요. 어쩌면 더 줄어도 되고요." 필이 대답했다.

"그래서 샐리가 자꾸 나를 찾는 것처럼, 직원들이 관심을 필요로 할수록 더 자주 만나야 될 겁니다."라고 헬렌은 확인차 말했다.

"바로 그겁니다." 필이 말했다. "컨설팅 세션 종료 시에 의사 결정 과정을 안내할 수 있는 워크시트를 드리겠습니다.

> "내 말이 끝날 때까지는 내 말에 끼어들지 마시오."
>
> ― 윈스턴 처칠

10장

기 대

> **2.8초**
> 작업 중단 시간(초)은 실수할 가능성을 두 배로 증가시킨다.
> —헤니언Henion, 맥글라센McGlasen 및 알트만Altmann이
> 수행한 미시간 주립 대학교 연구

"좋아요, 지금까지는 공유해 주신 내용이 마음에 듭니다." 헬렌이 말했다. "두 번째 글머리표에 대해 말해보세요. '허용 가능한 시간이 있음을 분명히 알게 해준다'고 썼잖아요"

"맞아요." 필이 말을 이었다. "두 번째 글머리표는 비응급상황이지만 대표님과 자주 미팅을 하지 못하는 직원에 의한 업무 중단에 관한 것입니다. 공급업체의 예상치 못한 전화, 복도를 지나치다 마주친 경우에 물어오는 사소한 질문, 회계 담당자의 결재 요청 등이 그런 예가 되겠죠."

"그런 일들이 하루의 절반 정도를 차지해요. 필, 나도 내 하루의 시간이 무작위적이고 종잡을 수 없는데 어떻게 그들에게 내가 시간을 내줄 것이라는 확신을 줄 수 있을까요?"

"대표님도 보셨을 겁니다. '00시에 돌아옵니다'라고 표시하는 영업점 문에 걸려 있는 영업시간 표지판이 있잖아요." 필이 말했다.

"돌릴 수 있는 작은 시계 바늘을 가진 표지판 같은 것 말인가요?"
필은 고개를 끄덕였다.

"그럼요." 그녀가 말했다. "제가 가장 좋아하는 테이크아웃 식당이 그 표지판을 사용합니다."

"예, 주변의 대부분 매장에서도 자신의 영업시간을 알리는 용도로 쉽게 찾을 수 있고요. 또 온라인에서도 쉽게 볼 수 있죠." 필이 덧붙였다. "왜 그렇게 할까요? 답이 뻔한 건 알지만, 잠깐 쉬는 시간 삼아 말해보도록 하죠."

"그럼, 그 표시들로 인해서 내 시간의 낭비를 막아주는 거겠죠, 그렇죠?" 헬렌이 대답했다. "그렇구나. 그렇게 하면 내가 무엇을 원하는지 알게 되겠네요."

그녀는 인상을 쓰면서 생각에 잠겼다가 말을 이었다. "내게 영업시간을 정하라는 건가요?"

"그래요! 대표님이 '영업' 가능한 시간을 사람들에게 알리자는 것입니다." 필은 자신의 말을 강조하기 위해 손가락으로 인용부호를 만들었다.

"당신은 직원들이 내가 그들에게 할애 가능한 시간이 언제인지, 혹은 말씀하신 대로 '영업 개시' 시간을 안다면, 그때까지 기다려줄 것이라고 주장하는 거네요."

"그렇죠." 필이 대답했다. 그녀의 표정에 나타난 의심을 눈치챈 그는 말을 이었다. "사람들이 대표님의 업무를 방해할 정도로 불안하게 만드는 것은 대표님이 그들에게 할애할 시간이 없어서가 아닙니다. 그들은 언제 대표님과 대화할 수 있을지 그 불확실성 때문에 걱정하는 겁니다. 회사의 직원들은 대표님이 언제 '영업'을 하는지 감을 못 잡기 때문에 종일 문을 두드려대죠. 마치 대표님이 가장 좋아하는 테이크아웃 식당의 문에 그런 표지판이 없다면….˝

"오, 그건 최악이죠, 필." 헬렌이 농담조로 말을 가로막았다.

"대표님이 고객으로서 그렇게 느낀다면 직원들도 다르지 않습니다." 필이 웃으며 말했다. "사람들이 이 변화에 익숙해지려면 시간이 좀 걸릴 것입니다. 기대치를 조정하는 데는 항상 전환 시기가 있어야 하죠."

"그렇군요." 헬렌이 조용히 말했다. "내 사무실은 서부극이나 다름없었어요. 그래도 지금까지 사람들이 날 방해하도록 놔뒀기 때문에 사소한 규칙과 질서를 도입하려 해도 그들은 변화에 저항할 것입니다. 필! 여태까지 내가 했던 일들이 다 잘못되었었군요."

"'잘못'이 아니라 그냥 비효율적이었던 거죠." 필은 헬렌의 말을 정정해 주었다.

필은 자신의 가방을 집어서 테이블 위에 놓았다. 가방을 열고 잠시 뒤적거리던 그는 움직일 수 있는 빨간 시곗바늘이 달린 직사각형 플라스틱 표지판을 꺼냈다. "마침 제게 이 시곗바늘 표지판이 하나 있네요. 헬렌, 제 선물로 받아주세요. 좀 더 제대로 된 시스템이 갖춰질 때까지 임시로 문에 걸어두고 사용하실 수 있도록요."

헬렌이 웃으며 답했다. "대단하네요! 고마워요!"

"천만에요."

헬렌은 시계에 손을 올리고 잠시 움직여보다가 질문했다. "그래서, 전화 통화는 어떻게 처리할 수 있을까요? 기억하신다면, 그것이 제가 스위치태스크를 하게 된 큰 원인이었잖아요."

필은 전화로 시간을 확인했다. 몇 번 두드린 후에, 그는 두 사람 모두 들을 수 있도록 스피커폰으로 해두었다. "지금 저는 제 고객에게 전화를 걸고 있어요." 필은 벨이 울리기 전에 설명했다. "잘 들어보세요…"

네 번째 링이 울린 후, 유쾌하고 전문가 같은 남성의 목소리가 말하기 시작했다.

"안녕하세요, 제임스입니다. 음성 메일에 연결되었습니다. 아마 저는 지금 고객을 만나고 있을 것입니다. 정오와 4시에 음성 메시지에 응답합니다. 그리고 5시 이후에 메시지를 남기시면 다음 영업일 아침에 다시 연락드리겠습니다. 감사합니다!"

필은 삐 소리가 나기 전에 빨간 '종료' 버튼을 눌렀다.

헬렌은 감명을 받았다. "와! 사람들이 정말 그 시간에 전화를 걸어오나요? 그리고 고객들은 이런 시스템을 잘 받아줍니까?"

"실제로 그는 그 시간에 답변을 하고요, 사람들도 다 이해합니다! 제임스는 스위스 시계처럼 매일 그 일정을 잘 준수하고 있어요.

"하지만 처음부터 그렇게 되지는 않았습니다. 그의 동료들과 고객들은 깜짝 놀랐죠. 그도 그동안은 정신이 없이 살았거든요."

"나만큼 나쁘진 않았겠죠?"

"사실 더 나빴어요." 필이 단호하게 말했다. "그는 끊임없이 위기를 겪었고, 통화에서 통화로, 업무 중단에서 통화로 널 뛰었죠. 멀티태스킹 위키백과 페이지에는 그의 사진을 걸어놓아도 될 정도였어요!"

헬렌이 소리 내어 웃었다.

"이제 그와 함께 일하는 동료들과 고객들은 그를 훨씬 더 존경하게 되었습니다. 그들은 그를 믿음직하고 신뢰할 수 있다고 여깁니다. 회의 중이거나 이메일을 확인하는 동안 걸려오는 전화를 받지 않고 대신 자동 응답기에서 말한 대로 나중에 모든 전화에 답변을 합니다. 주의를 흩트리는 전화이 적게 일어나기 때문에 자유 시간이 더 많은 것이죠.

"제임스 그리고 이제 대표님을 위한 열쇠는 일정표를 이용해서 언제 다른 사람의 방해에 대처할지를 미리 결정해두는 것입니다. 그 일정표를 적절한 이들과 공유하면 그들의 기대치를 조절할 수 있죠."

"그가 스위치태스크를 덜 한다는 뜻이군요."

"바로 그겁니다!" 필이 말했다. "너무 많은 사람이 착각하고 있어요. 스마트폰, 이메일, 문자 메시지, 그리고 다른 디지털 기술들이 우리를 더 생산적으로 만든다고 믿고 있죠.

"하지만 아무리 신기술이라도 관리하는 방법을 익혀야만 그 도구를 사용해서 생산성을 높일 수 있습니다. 거대한 정보의 파도는 우리를 쓸어 갈 듯 닥칩니다. 계획이 없으면, 우리는 계속해서 휩쓸려 가게 될 것입니다.

"좋은 소식도 있어요. 우리가 그 모든 힘을 다스릴 수 있다는 점이죠. 파도를 타고 넘는 겁니다. 첫 번째 단계는 우리가 언제 그 기술을 사용할지에 대한 일정을 만드는 것이고, 두 번째는 다른 사람들과 그 일정을 공유하는 것입니다."

40

퍼센트의 지식 근로자들이 30분 이상 집중된 시간을 갖지 못한다.

— RescueTime에서 수행한 1억 8500만 작업 시간에 대한 연구 결과

11장

진실

> "우리는 근무 시간 : 재단 근무 시간 : 가족 시간이 어떻게 될지를 정했습니다. 그리고 매주 한 번 그 시간 배분을 재평가할 것입니다."
>
> — 멜린다 게이츠

필이 전화기를 몇 번 두드리더니 고개를 헬렌에게 돌렸다. "오늘 훈련을 마치기 전에 제가 이메일로 연습문제를 하나 더 보내드렸습니다. 제가 보낸 첨부 파일을 출력해 주시겠어요?"

"좋아요." 헬렌은 그녀의 컴퓨터로 돌아섰다. "스위치태스킹이란 장난꾸러기 원숭이를 쫓아버릴 수 있다면 뭐든지요."

"저는 사람들이 자기 상황에 대한 진실을 알게 될 때 긍정적인 변화, 즉 큰 그림을 더 빨리 만들어 낸다는 것을 발견했습니다. 내 말을 듣는 것보다 자신의 '개인적인 진실'을 분명하게 아는 것이 더 강력한 동기부여가 된다는 뜻이죠."

필이 말을 이어가는 동안 프린터가 활성화되어 필의 도표 인쇄가 시작되었다. "그래서, 제가 대표님에게 다르게 행동하라고 말하지 않고 대신, 대표님이 개인적인 진실을 발견하도록 도울 연습을 할 것입니다. 연습이 끝나는 마지막에는, 자신의 시간 관리에서 무엇을 바꿀지에 대해 정보에 입각한 선택을 할 수 있게 됩니다."

"신비하게 들리네요." 헬렌이 말했다. "나도 해볼게요."

필은 프린터에서 인쇄된 종이를 집어 헬렌에게 보여 주었다.

활동	범주	현재	미래
허비한 시간	코 만지기, 의자에서 일어나기 등	7	7
수면	낮잠을 포함한 총 실제 수면 시간		
일상 준비	샤워, 옷입기 등 아침 저녁		
근무	출퇴근을 포함한 주요 직무 관련 활동		
개인 여가			

"이제 우리는 대표님이 시간을 어떻게 보내는지 살펴보겠습니다."

"직장에서 말인가요?" 헬렌이 물었다.

"생활 전반에서요, 전체적으로." 필이 대답했다. "향후 미팅에서 대표님의 근무 시간을 살펴볼 수 있을 테니 우선은 한 주 전체를 보기로 하죠. 이 워크시트에는 우리가 누구나 공통으로 행하는 몇 가지 범주가 들어 있습니다."

헬렌은 펜을 들어 준비 자세를 취했다. "좋아요, 필. 해보죠."

필은 미소를 지었다. "먼저 활동 칼럼을 채워보겠습니다. 여기에는 평균 한 주에 수행하는 여러 작업을 분류해둡니다."

"뭐하느라고 벌써 7시간을 허비했나요?" 헬렌이 줄을 가리키며 물었다.

"*허비한 시간*이란 눈치도 못채면서 잃어버린 시간을 평균한 것입니다," 필이 설명했다. "범주란에서 볼 수 있듯이 여기에는 코 만지기, 의자에서 일어나기, 옷매무새 조절, 화장실 사용 등이 포함됩니다. 보통 사람들은 하루에 한 시간 정도 이런 일을 하는 데 시간을 허비한다는 것을 알게 되었습니다."

"좋아요, 그러니까 한 주를 기준으로 내가 하는 모든 활동을 분류해야 하는 것이군요." 헬렌은 잠시 표가 그려진 종이를 응시했다. "힌트를 줘요, 필. 다른 사람들은 뭘 어떻게 쓰죠?"

"가족과 함께 보내는 시간, 지역 봉사, 종교 활동, 신체 운동, 집안일, 육아, 배우자와의 데이트 밤, 심지어 음악이나 모형 기차 만들기 같은 취미도 넣을 수 있죠."라고 필이 제안했다.

"알았어요." 헬렌은 활동 행을 작성하기 시작했다.
"끝났어요." 몇 분 후에 그녀가 말했다.

"좋습니다." 필이 말했다. "이제 범주 열의 차례입니다. 이미 몇몇 칸이 채워져 있는 것을 보실 텐데요. 예를 들어, '근무' 옆에는 '출퇴근을 포함한 주요 직무 관련 활동'이라고 적혀 있습니다."

"출장도 '근무' 범주에 포함시켰나요?" 헬렌이 놀라서 물었다.

"네. 분명히 말씀드리자면, 어떤 범주든 겹치거나 두 번 세는 것을 피하기 위해 '근무' 범주에 여행 시간을 포함하였습니다. 어떻게 할 것인지는 개인의 선호 문제이죠.

"예를 들어, 어떤 사람들은 '배우자와의 데이트'가 가족 시간이라고 말하는 반면, 다른 사람들은 가족 시간은 아이들과 함께하는 시간이고 데이트의 밤은 그것을 따로 하나의 범주로 잡고 싶어 할 겁니다. 자기의 활동을 어떻게 정의하느냐는 사실 별로 중요하지 않아요. 중요한 것은 각 항목 간의 차이를 분명히 아는 것입니다. 그렇게 하면 시간 사용을 추산할 때 도움이 될 것입니다."

"좋아요." 헬렌이 말했다. "따라서 내게 개인적인 휴식은 내가 좋아하는 일을 하면서 보내는 시간을 의미합니다. 나는 여가시간에 책을 스크랩하고 읽는 것을 좋아해서 범주 칸에 넣었어요. 그래도 될까요?"

필이 고개를 끄덕였다. 헬렌은 각 활동 항목에 대한 범주 열에 몇 줄을 더 추가했다.

그녀가 기입을 끝내자 필이 그녀의 워크시트를 잠시 훑어보았다.
"잘하셨습니다! 다음으로 우리가 해야 할 일은 매주 각 활동에 얼마나 많은 시간을 소비하는지를 추정하는 것입니다. '허비한 시간'은 '현재' 및 '미래' 열에 이미 추가되어 있으며, 하루 평균 1시간씩 주당 총 7시간으로 추산되었습니다.

"다음 활동은 '수면'입니다. 이것은 계산하기 쉬운 것 중 하나니 거기서부터 시작합시다. 하룻밤에 잠을 얼마나 주무시나요?"

헬렌은 하암하면서 하품을 위장했다. "분명히 내가 필요한 정도는 아니에요!" 그녀는 잠시 생각하다가 '수면' 칼럼에 '49'를 썼다. "평일에는 6시간 정도, 주말에는 조금 더, 하룻밤에 평균 7시간 정도라고 생각해요."

"제게는 합리적인 정도인데요." 필은 다음 활동 행을 가리켰다. "이제 남은 활동에서 보내는 시간을 기입해 주세요. 그러나 중복해서 세지 않으려면 범주 열에 계속 주의를 기울여야 합니다.

"마지막 조언 하나! 지금 당장 총 시간에 대해서는 신경 쓰지 마세요. 그냥 최대한 어림잡아 보세요. 마지막에 총량을 조정하겠습니다."

헬렌은 다음 10분을 연필로 워크시트에 내용을 적느라고 시간을 보냈다.

그녀는 몇 번이나 자신의 추정치를 조정하기 위해 앞에 썼던 예상치를 지워야 했다. 마침내, 그녀는 필이 볼 수 있도록 페이지를 돌려서 "좋아, 다 했어요."라고 말했다.

필은 슬쩍 그 적힌 것을 훑어보고 나서 물었다. "더 진도 나가기 전에, 각각의 활동에 대한 자신의 추정치를 살펴보시죠. 보시기에 어느 정도 정확한 것 같습니까?"

헬렌은 자신의 기록을 자세히 검토하기 위해 페이지를 뒤로 넘겼다. "그럼요. 제 눈에는 딱 맞는 것 같아요. 합계가 어떻게 되죠?"

필은 스마트폰으로 계산기 앱을 열고 모든 항목의 합산했다. "대표님의 총계는 190시간입니다." 그는 전화기를 그녀가 볼 수 있도록 테이블 위에 올려놓으며 말했다. "일주일에 몇 시간이 있죠?"

헬렌은 잠시 생각하더니 필의 전화기로 계산을 했다. "진짜요? 일주일은 168시간인데요. 아이고, 어디서 틀렸을까!"

필은 종이를 두 사람이 볼 수 있도록 들었다. "우리가 이 훈련을 하는 이유 중 일부는 대표님이 시간을 얼마나 잘 추정하는지 보기 위해서입니다. 오랫동안 스위치태스킹을 해 온 사람들은 일이 실제로 얼마나 오래 걸리는지에 대한 감각이 왜곡되게 발달 되거든요."

헬렌은 연필을 탁자에 툭 던지고 두 손을 위로 치켜들었다. "글쎄요, 저는 일주일에 22시간 정도를 더 쓰네요! 어쩐지 내가 항상 하루 정도를 늦는 것 같더라고요!"

필은 워크시트를 내려놓고 헬렌의 연필을 들고 페이지 맨 위에 다음과 같은 문구를 썼다.

일정표는 오직 하나이며 당신도 오직 하나이다.

그는 헬렌 앞으로 종이를 밀어 그녀가 큰 소리로 읽을 수 있게 했다.

"일정표는 오직 하나이며 당신도 오직 하나이다."

"저는 너무나 많은 사람이 이 기본적인 진실을 무시할 수 있다고 생각하는 것이 놀라워요." 필은 사람 좋게 말했다. "스위치태스킹은 그들이 이 진실을 거슬러 보려는 방법의 하나일 뿐이죠. 또한 출장 시간을 예약하지 않고, 이중 예약을 하거나, 65분 분량의 작업을 60분으로 단축하려고 시도하려 합니다."

"아니면 주당 190시간 가치의 일을 일주일에 168시간에 구겨넣거나!" 헬렌이 농담처럼 말했다.

"그게 시간의 진실이죠. 시간은 언제나 동일합니다. 1시간에 60분, 하루에 24시간, 그리고 일주일에 168시간밖에 없어요. 각자가 무슨 일을 하든 상관없어요. 우리는 결코 이 진실을 바꿀 수 없습니다. 우리가 할 수 있는 일은 주어진 시간을 잘 운영할 수 있는 최선의 방법을 찾는 것입니다." 필은 헬렌의 염려를 눈치채고 이렇게 덧붙였다. "그런데, 대표님은 혼자가 아니에요. 대부분의 제 고객들도 이런 사실을 깨닫지 못했다는 사실에 저도 충격을 받았거든요."

헬렌은 그녀의 워크시트를 다시 살펴봤다. "일주일에 168시간만 주어진다면 도대체 어떻게 190시간을 버틸 수 있었을까요? 일주일의 시간을 늘려 시간의 법칙을 깨는 방법을 마법처럼 알아냈거나, 제가 하고 있다고 생각했지만 실제로는 그렇지 않았던 22시간의 활동이 있었던 거겠군요."

"시간의 세계에서는 마법이 통하지 않으니, 워크시트를 보면서 이 문제를 생각해 보도록 하죠." 필은 표가 적힌 종이를 돌려서 둘 다 볼 수 있게 했다. "사실 대개는 이런 불가능한 추정치를 볼 때 오차가 가장 많이 발생하는 곳은 큰 숫자에서죠. 가장 넉넉한 시간을 두었던 항목은 어디였습니까?"

일정표는 오직 하나이며 당신도 오직 하나이다.

활동	경계	현재	미래
손실 시간	코 빠지기, 의자에서 일어나기 등	17	17
수면	낮잠을 포함한 총 실제 수면 시간	49	
일상 준비	샤워, 옷입기 등 아침 저녁	17	
근무	출퇴근을 포함한 주된 일 관련 활동	70	
개인 여가	북 스크랩, 독서	8	
가족 시간	아이, 남편과 함께 보내는 시간	28	
지역 봉사	자금 모금 활동 등	5	
운동	조깅, 바이킹	4	
교회	교회 모임 참석	4	
집안일	가족의 도움은 받지 않고 정원 혹은 집 가꾸기	5	
친구	친구들 만남	3	
	합계	190/168 ???	

헬렌은 "근무" 행에서 70을 가리켰다. "이거 말입니까?"

"그럴 수 있죠." 필은 연필을 다른 행으로 가리켰다. "두 번째로 높은 활동은 49시간의 수면입니다. 아직도 이 시간이 정확하다고 생각하세요?"
헬렌이 고개를 끄덕이자 그는 말을 이었다. "또한 '가족 시간' 활동에서 일주일에 약 28시간을 보내는 것으로 추정하셨네요. 하루 평균 4시간 정도입니다. 맞나요?"

"그럴 것 같아요." 헬렌의 목소리는 조심스러웠다.

"좀 망설이시는군요." 필이 말했다. "어떻게 가족 시간을 보내는지 말씀해주세요."

"음, 나는 6~7시쯤에 퇴근하죠. 남편과 아이들이 집에 있으면 저녁을 같이 먹어요. 저녁을 먹고 거실에서 놀다가 TV를 보거나 게임을 하죠. 물론 평일보다 주말이 더 길게 가족과 시간을 보내고요."

이때 헬렌의 얼굴에 잠깐 깨달음의 빛이 스쳤다. "예외가 …"

"어떤 예외일까요?"

헬렌은 얼굴을 찡그렸다. "또 온라인으로 업계 뉴스를 보거나 이메일을 확인하고 있습니다."

그녀는 1분 동안 말이 없었다. "나는 가족과 있을 때도 스위치태스킹을 하고 있네요, 그렇죠? 그래서 아마 일주일에 22시간을 다 가족과 함께 보내는 것은 아닐 겁니다. 아마 7~8시간 정도 되겠네요."

필은 헬렌이 말을 잇도록 아무 말도 하지 않고 앉아있었다. "아마 다른 범주도 과대추정을 하고 있을 것 같아요. 그냥 업무와 결합시켜서 스위치태스킹을 하고 있는 것에 불과하겠죠. 아마도 이걸 바꿔야 할 것 같네요, 그렇죠?"

"대표님, 이 실습은 대표님이 시간을 가지고 무엇을 해야 하는지 말아야 하는지 선택하려는 것이 아닙니다. 제가 여기 온 것은 단순히 대표님이 현재 하고 있는 선택들을 스스로가 인식하도록 만드는 것입니다. 무엇을 바꿀지는 그런 다음에도 결정할 수 있습니다. 원하신다면."

헬렌은 필의 말을 듣고는 있었지만 집중력이 흩어진 것 같았다. "알아요, 필. 난 내 자신에게 바로 그 점을 말하고 있는 거예요. 하지만 이런 식으로 가족, 지역사회와 시간을 보내거나 활동을 하고 싶지는 않습니다.

"정말 내 자신에게 화가 나는 것은 오랫동안 이런 일이 지속되었다는 것입니다. 나는 집에서 아이들과 함께 있는 것만으로도 좋은 육아라고 생각했어요. 하지만 그 시간 내내 일을 해온 셈이에요. 아이들과 함께 있었지만 솔직히 말하면, 나는 그들을 위해 있지는 않았어요."

헬렌은 잠시 말을 멈추었다가 한숨을 쉬었다. "필, 트레이시와 인턴 제이슨과의 상호작용이 왜 그렇게 신경이 쓰였는지 이제 알겠네요. 그건 바로 우리 애들이랑 있을 때 내가 하던 방식이었어요! 실은 나는 그들을 거의 무시했어요. 딸 트레이시가 가면서 제이슨의 표정처럼 허탈한 표정을 지었던 것이 기억납니다." 그녀는 고개를 가로 저었다. "슬프네요."
"이건 대표님이 선택할 수 있어요. 모든 사람이 다 달라요. 가족에게 집중하는 시간을 더 갖는 것이 우선입니까?"

헬렌은 고개를 끄덕였다. "네, 그래요. 그것은 절대적인 우선 사항입니다."

"그렇게 보입니다." 필이 단언했다. "자, 좋은 소식도 있습니다. 시간에 대한 진실을 더 잘 이해했으니 이제 시간 예산을 조정할 수 있어요. 통제력을 되찾는 거죠!"

헬렌은 동의의 뜻으로 고개를 끄덕였다.

필은 도표의 마지막 칸 제목을 연필 지우개로 두드렸다. 이제 우리는 '미래'란 칼럼으로 넘어갑니다. 미래에 시간을 어떻게 보내고 싶은지 시간 예산을 세우는 것이죠."

"말은 쉽지만 실천은 어렵고요." 헬렌이 중얼거렸다.

"하지만 대표님의 염려만큼 어렵진 않아요." 필이 웃으며 말했다. "제가 숙제를 조금 드려도 괜찮을까요?"

"그럼요." 헬렌이 말했다.

"오늘 밤 늦게, 조용히 혼자만의 시간을 가지세요. 다음 달부터 시간을 보낼 수 있도록 새로운 시간 예산을 편성해보세요." 필은 칼럼 하단에 168이라는 숫자를 썼다. "168시간을 넘지 않도록요. 저는 컨설턴트이지 마법사가 아니니까요."

"다음 달은 왜?" 헬렌은 미소를 통해 물었다. "당장 내일부터는 어때요?"

"대표님의 적극성이 참 좋습니다. 내일이나 다음 달 전에 이 시간 예산을 실행할 수 있다면 그렇게 하세요. 하지만, 저는 이런 종류의 변화가 하룻밤 사이에 일어나는 일은 거의 없음을 많이 보았어요. 변화가 자리를 잡으려면 아마 몇 주가 걸릴 것입니다. 너무 낙관적인 것보다는 보수적인 시간표를 만들어 고수하는 것이 더 낫습니다."

"내가 끝까지 해내지 못하면 내 자신에게 화가 나겠죠. 이거 했다 저거 했다 하면서요." 헬렌이 웃으며 말했다. "좋아요. 지금 당장은 오늘 밤 이 과제에 집중할게요."

"좋은 계획입니다." 필이 말했다. "오늘 세션은 여기까지하죠. 그런데 저는 이 워크시트에 대해 대표님과 함께 후속 조치를 취하고 싶은데 할 수 있을까요?"

헬렌은 그녀의 컴퓨터로 몸을 돌려 달력을 펼쳤다. "네, 물론이죠! 내일 9시 어때요?"

"완벽해요." 필은 스마트폰의 캘린더 앱에 그 약속을 입력했다. "내일 아침에 뵙겠습니다. 오늘 수고하셨습니다."

"소비자 중 40% 이상이 잠자리에 든 후나 (계획된 시간이 아닌) 일어나기 전 등 한밤중에 스마트폰 사용한다. 기능을 더 많이 사용할 수 있게 되면서 스마트폰에 대한 의존도가 높아질 것으로 보인다.

— 글로벌 모바일 소비자 동향 조사, 딜로이트

12장

샐리와 필의 내기

> "멀티태스킹: 누군가에게 그가 한 얘기를 한 마디도 듣지 못했다고 말하는 공손한 방법."
>
> - UrbanDictionary.com, "workinglate"가 제시한 정의

필은 차 문을 열고 가방을 조수석으로 던졌다. 그가 막 차에 타려는데 그린가브 현관에서 고함치는 소리가 들렸다.

"필, 잠깐만요!" 샐리가 필의 차로 뛰어왔다. "놓치지 않아서 다행이네요. 오늘 말씀하신 것에 대해 질문을 하고 싶어서요."

"문제없어요. 뭐가 궁금하시죠?"

"음, 트레이시와 나는 당신이 대표님과 하려는 것에 대해 토론하고 있었어요. 우리는 당신이 시간 낭비를 하고 있다고 생각합니다."

"그렇군요." 필이 말했다. 얘기가 어디로 흘러갈지 약간 걱정스러웠다.

"제 말은 이런 거예요." 샐리가 말을 이었다. "이런 사안에 대해 헬렌과 둘이서 통제된 사무실에서 말씀을 나누는 것은 괜찮아요. 그런데 우리는 전에도 그런 걸 본 적이 있어요. 어떤 새로운 컨설턴트가 헬렌과 함께 몇몇 최

신 개념을 시도하는 거죠. 그러면 누군가가 사무실 전체에 동기부여가 되는 '이러쿵저러쿵' 이메일을 보냅니다. 하지만 일주일 정도 우리한테 펌프질을 하고 나면 상황은 정확히 원래대로 돌아가고 말아요."

"넵! 세미나 환멸이군요!" 필은 따로 뜸 들이지 않고 거의 직관적으로 말했다.

"네?"

"지금 말씀하신 것을 저는 '세미나 환멸'이라고 부릅니다. 사람들이 훈련에 참석하거나 코스에 참여하거나 책을 읽을 때는 흥분해서 시작하지만 끝까지 따라가지 못하는 경우를 말합니다."

필은 차 문을 닫으면서 계속 말했다. "이번에도 정말 헬렌이 그럴까요? 샐리, 당신은 어때요? 저는 당신이 이 훈련을 재미없어 한다는 인상을 받았습니다."

"알아요, 알아." 샐리가 대답했다. "그리고 헬렌 사무실에서 잠깐 짧은 실습을 하고 나니, 저는 집중 부문에 조금 더 노력할 수 있겠다고 깨달았죠. 하지만 내가 말하는 건 우리가 여기에서는 현실적이 되어야 한다는 거예요. 저는 그린가브가 창업할 때부터 있었어요. 헬렌은 몇 년 동안 변한 게 하나도 없어요."

"알겠어요, 샐리. 정말입니다." 필이 말했다. "저는 변화를 지속시키는 힘은 장기적으로 누군가가 후속 조치를 제공한 결과가 이어질 경우 생긴다고 생각합니다. 제대로 된 구식 일대일 코칭 외의 대안은 없어요. 그게 바로 내 일이고요. 헬렌에 대해서는 제가 있으니까요. 제가 후속 조치를 취하겠습니다. 우리 내기를 할까요?"

샐리는 팔짱을 끼고 눈썹을 치켜올렸다. "내기요? 어떤 종류의 내기일까요?"

"어떤 종류의 음식을 좋아하세요?" 필이 물었다.

"음식? 좋아요. 굳이 그렇다면, 겉보기와 달리 나는 고기와 감자를 좋아하죠. 주중이면 언제든지 샐러드와 스테이크를 주문할게요!"

필이 대답했다. "알겠습니다. 이 근처에서 가장 맛있는 스테이크집은 어디죠?"

"최고 맛집이라면 그건 카브마스터일 겁니다."

필은 스마트폰을 꺼내서 메모를 했다. "이렇게 합시다, 샐리. 3개월 후에 헬렌이 어떻게 하고 있는지 샐리와 함께 지켜보기로 하죠.

"양심을 걸고 내기를 하는 겁니다. 만약 당신이 솔직하게 그녀가 변하지 않았다고 말한다면, 내가 카브마스터에서 두 사람 저녁 식사에 쓸 기프트 카드를 드릴게요

"하지만 헬렌이 긍정적인 변화를 가져온다면 제게 도넛 12개를 사주시는 겁니다. 정확히 말하자면, 바닐라 프로스팅과 무지개를 뿌린 케이크를요."

샐리가 웃었다. "아니 뭡니까, 6살 아이도 아니고요? 자제분들이 있군요. 그래서 나눠 먹겠다는 거겠죠."

필이 윙크를 했다. "네, 제게 아이가 있습니다. 그리고 몇 개는 나눠 먹겠죠. 누구나 추억의 음식이 있어요. 제게는 어린 시절을 떠올리게 하는 음식이 도넛이구요."

필이 손을 내밀었다. "공정하지 않습니까?"

샐리는 자신 있게 필의 손을 흔들었다. "제 스테이크는 미디엄 레어가 좋습니다, 선생님!"

> "멀티태스킹을 시도할 가능성이 높은 사람은 자신이 평균보다 더 효율적이라는 환상을 품고 있는데, 사실 그들은 평균보다 효율이 좋지 않을 뿐 아니라 종종 더 나쁩니다."
>
> — 데이비드 스트레이어David Strayer, 유타 대학교 인지 신경과학 교수

13장

변 화

> **7시간 22분**
> 10대들이 매일 스마트폰에 소비하는 평균 시간
>
> **4시간 44분**
> 8세에서 12세 사이의 아이들이 매일 스마트폰에 소비하는 평균 시간.
>
> — 10대 청소년의 미디어 사용에 관한 커먼센스Common Sense의 조사:

다음날 아침 그린가브에 도착한 필을 안내원이 따뜻하게 맞이했다. "안녕하세요, 필. 대표님이 기다리고 있습니다. 사무실로 가시는 방법 기억하시죠?"

필은 사무실 미로를 헤매다가 헬렌의 사무실을 찾았다. 문이 열려 있었지만 안에는 아무도 없었다. 그는 의자를 당겨 앉고 기다렸다.

이윽고 헬렌이 흥분한 얼굴로 방으로 뛰어들었다. "필, 어젯밤에 가족들과 시간을 보내면서 스위치태스킹을 하지 않았어요! 집에 도착해 저녁을 먹으러 나가자고 했죠. 그리고 저녁 식사 자리에서 스마트폰은 허용되지 않는다고 공언했어요. 가족들은 처음에는 충격과 함께 약간 짜증이 내더라고요."

필이 웃었지만 헬렌은 개의치 않았다. "내 행동의 패턴을 깨려고 가족과

레스토랑에 갔습니다. 잠깐씩 일에 대한 생각이 떠올랐지만, 나는 계속해서 가족에게 집중을 유지했습니다. 나는 그들의 말을 진정으로 들었던 거죠. 정말 좋은 시간이었어요!"

필은 자리에서 일어나 박수를 쳤다. "대단합니다, 헬렌! 가족들은 어떻게 생각했을까요?"

"처음에는 내가 농담하는 줄 알았던 것 같아요. 내 딸이 그러더라고요, '누구세요, 우리 엄마한테 무슨 짓을 한 거예요?' 또 신발을 신으라고 하자, 애들이 우리가 무슨 축하할 일이 있는 거냐고 계속 묻더라고요!" 헬렌은 미소를 지으며 말했다. "가족들은 내가 정말 그들과 함께 같은 시간을 보내고 있다는 것을 깨닫고 태도가 바뀌었습니다. 그들이 마음의 문을 연 거죠. 가족들이 행복하니 나도 행복했습니다."

"정말 멋진 이야기네요." 필이 말했다. "그런 행동의 변화가 누군가에게 일어난 것을 보고 사람들이 놀라는 것은 당연한 일입니다. 시간이 지나면, 그들은 눈치채게 되죠. 이제 당신이 더이상 멀티태스킹…"

"스위치태스킹, 필." 헬렌이 고쳤다. "나도 이제 안다고요!"

"그렇죠. 스위치태스킹." 필은 빙긋 웃었다. "가족들이 대표님이 가족과 함께 하는 순간에 마음을 집중할 것을 알수록, 그들은 대표님을 더 존경하고 신뢰할 것입니다. 시간이 걸리는 과정이지만, 노력할 가치가 있습니다."
헬렌은 한숨을 내쉬고 의자에 털썩 주저앉았다. "지금 내가 아는 것은 내

기분이 좋았다는 것뿐입니다. 그래요, 기분이 좋다고 느꼈어요. 몇 년 만에 처음으로 가족들과 함께… 그 자리에 있었던 겁니다."

그녀는 잠시 말을 멈췄다. "나는 내가 그들과 있을 때에 얼마나 많은 스위치태스킹을 했었는지 깨닫고 깜짝 놀랐습니다. 나는 대부분이 서로 그렇게 한다고 생각해요. 게다가 심지어 그 사실을 알지도 못한 채로 말입니다!"

"그것이 멀티태스킹이 거짓말보다 더 나쁜 이유 중에 큰 부분을 차지하죠." 필이 설명했다. "멀티태스킹을 하는 행동은 사람들과의 관계를 심각하게 손상하는 위험에 빠지게 됩니다.

"그리고 그건 가족만의 문제가 아닙니다. 직장 동료와 친구에도 적용되는 이야기예요. 그것은 우리가 할 일 목록에 들어 있는 하나의 일처럼 취급하더라도, 실은 진짜 사람에 관한 얘기죠. 관계가 점점 상하는 건 스위치태스킹의 또 다른 비용일 뿐입니다."

헬렌이 의자에 앉으면서 물었다. "필, 매출 면에서 한 회사의 스위치태스킹 비용이 얼마인지 생각해 본 적이 있나요?"

"매출이요?" 필이 놀라서 대답했다. "어떤 면을 말씀하시나요?"

헬렌은 미소를 지으며 열정적으로 말하기 시작했다. "저, 직원들이 고객을 상대하면서 스위치태스킹을 하면 고객 만족도가 떨어질 수 있어요. 사소한 듯이 보이는 그런 종류의 일이 발생하면 고객은 자신이 무시 받는다고 생각할 수 있습니다."

"흥미롭네요." 필이 말했다.

"잠깐 판매 과정을 생각해 봅시다." 헬렌이 말을 이었다. "영업 담당자가 소매점주과 같은 고객을 스위치태스킹으로 대할 때 발생 되는 비용은 시간이 갈수록 늘어납니다. 자신에게 관심을 안 가진다고 생각하는 고객들은 조만간 자신에게 신경을 써주는 다른 회사로 거래처를 옮겨 갈 테니까요."

흥미를 느낀 필은 스마트폰에서 새 메모장을 열었다. "잠깐만요, 이거 적어 놓을게요."

"아, 이제 학생이 바꿨네요!" 헬렌이 놀렸다. "그렇다면, 이 회의 비용을 청구해도 될까요?"

"노코멘트." 필의 대답은 단호했다.

"여러분이 멀티태스킹으로 정보 처리를 한다면 뇌의 고유한 한계를 결코 극복할 수 없을 것입니다. 되지가 않아요. 어떤 최고의 달리기 선수라도 인간이 1마일을 1분에 달릴 수 없는 것과 마찬가지입니다."

— 미시간대 심리학과의 데이비드 E. 마이어David E. Meyer 박사, CNN과의 인터뷰에서

14장

집중의 단계

> "제가 1,500개가 넘는 이메일 필터를 정해둔 이유에 대해 말씀드리겠습니다. 그 필터들은 매일 300개가 넘는 이메일을 버려주죠. 날마다 말이죠. 이것은 제가 생산성 향상을 위해 한 일 중 최고로 잘한 일입니다."
>
> — 로버트 스코블Robert Scoble, 미래학자 및 기술 전략가

"좋아요, 오늘 아침 대표님이 제게 뭔가를 가르쳐 주셨으니, 제가 뭘 가르쳐 드리면 좋을까요? 혹시 질문 있으신지요?"

헬렌은 열정적으로 필의 말을 받았다. "나는 멀티태스킹이 허상이라는 당신의 말에 완전히 설득되었어요. 이제 나는 그 말의 신봉자입니다. 그러면, 어떻게 다른 사람들도 나와 같은 지점에 이르게 할 수 있을까요? 사람들은 여전히 최고 속도를 줄이지 않고 달리지만, 나는 브레이크를 밟을 준비가 되어 있습니다."

"제가 도울 수 있어요." 필이 대답했다. "지금 당장 대표님이 할 수 있는 일을 적는 것부터 시작하죠. 벽에 걸린 화이트보드를 사용할 수 있을까요?"

"얼마든지요." 헬렌이 우아하게 손짓으로 벽을 가리켰다. 필은 화이트보드로 걸어가서 필기도구를 잡았다.

"간단히 검토해보겠습니다. 퀴즈 시간입니다, 헬렌. 스위치태스킹을 중지하기 위한 단계에는 어떤 것이 있을까요?"

필은 헬렌이 소리 내어 얘기하는 것들을 받아 적었다. 필이 화이트보드에 적은 것들은 다음과 같았다.

- 멀티태스킹은 허상임을 인식한다.
- 백태스킹과 스위치태스킹의 차이점을 이해한다.
- 자신의 주간 시간 사용의 실제적인 진실을 알아야 한다.
- 새롭고 현실적인 주간 시간 계획표를 작성한다.
- 주요 인력과 반복적인 미팅을 정기적으로 예약한다.
- 기대치를 설정한다. 내게 언제 시간이 날지 사람들이 알게 하는 자신만의 '영업시간'을 만든다.

"이 정도만 해도 멋진 시작이 되겠습니다." 필이 마커로 칠판에 쓰면서 말했다.

"이 몇 가지 행동이 어떻게 큰 변화를 가져올지 알 것 같아요." 헬렌은 덧붙였다. "이 스위치 브레이크 목록에 무엇을 추가할 수 있을까요, 필?"

"*스위치 브레이크!*" 필이 휴대폰에 메모를 하면서 웃었다. "그 표현이 딱이네요."

"사용할 때마다 내게 수수료를 줘요." 헬렌이 농담을 했다.

"좋아요. 다음은 일부 고객이 제안한 것들인데 유용할 것 같습니다." 필은 게시판에 글머리표 몇 개를 더 썼다.

- 능동 스위치를 만들지 않는다.
- 모든 수동 스위치를 최소화한다.
- 채널 및 응답 시간을 논의하고 정의한다.
- 대화의 상대방을 대할 때는 그 사람의 말에 완전히 집중한다.
- 약속 사이에는 여유 시간을 예비로 둔다.
- 일정에 없는 일이면 어떤 일도 전념하지 않는다.

필은 마커에 뚜껑을 씌우고 헬렌을 마주 보았다. "이것들 관련해 질문 있으신지요?"

"능동 스위치와 수동 스위치가 뭐죠?" 헬렌이 물었다.

"능동 스위치란 대표님이 직접 선택하는 스위치를 말합니다. 어제 우리가 하루의 전형적인 시간 사용에 대해 얘기했던 거 기억하시죠? 대표님이 주도한 스위치는 능동 스위치였죠." 필이 설명했다.

"일정을 잡거나 조정할 때마다 한 작업에서 다른 작업으로 전환하지 않도록 스스로를 통제해야 합니다. 갑자기 생각난 아이디어가 아무리 밝고 반짝거려도 지금 해야 할 작업에 집중하라는 뜻입니다."

"맞아요." 헬렌이 말했다. "기본적으로, 나 자신을 통제할 필요가 있어요.

개인 스위치의 속도를 늦추거나 충동에 저항해야 하는 거죠."

"맞습니다." 필은 고개를 끄덕였다. "능동 스위치를 내부 스위치라고 한다면 수동 스위치는 외부 스위치입니다. 그것은 누군가에 의해 또는 다른 어떤 일 때문에 발생하는 것을 말하죠. 예를 들어 새로 들어온 이메일 알람을 꺼두는 것도 이러한 외부 스위치를 최소화하는 방법이 되겠습니다."

"그 정도는 충분히 할 수 있어요. 사내 채팅앱은 어떻습니까? 이메일보다 더 심한 것 같아요." 헬렌이 신음하면서 말했다. "문자앱은 어떻고요. 우리 애들은 항상 스마트폰에만 매달려 있어요!"

필이 웃었다. "우리의 목표는 스위치를 제거하는 것이 아니라 스위치를 줄이는 것이라는 점을 기억하는 것이 도움이 됩니다. 그것이 합리적인 접근이죠.

"이렇게 해서 우리는 다음 요점으로 넘어가게 되네요. '채널과 응답 시간을 논의하고 정의한다.' 사람들이 서로 연락할 수 있는 방법은 수십 가지가 있는데요, 채널마다 목적이 다르고, 응답하는 데 걸리는 시간도 채널마다 달라야 하죠."

"그렇군요." 헬렌이 말했다. "그렇다면 사내 앱으로 1시간 이내에 답변해야 하는 질문이나 하루 내로 이메일을 보내야 하는 질문도 있을 수 있잖아요? 어쩌면 그 문자메시지가 내 개인 생활에 대한 것일 수도 있고요."

"사실 거기에는 정답이나 오답이 없습니다. 많은 부분이 혼란스럽죠. 많이 혼란스러워요. 그리고 이 모든 혼란은 각자 다른 사람이 자신과 같은 방식으로 채널을 사용한다고 가정하는 것에서 비롯됩니다.

"음성메시지와 마찬가지로, 각 채널에 대한 답변의 기대 시간을 지금 한번 정의해보지요. 문제는 대표님이 사내 메시지에 충분히 빨리 회신하지 않으면 샐리나 다른 직원이 문자 메시지를 보낼 것이고, 그 문자에도 제때 답이 없으면 전화를 하겠죠. 그리고 전화도 받지 않으면…"

"그때는 직접 와서 문이 부서져라 두들기겠죠." 헬렌은 한숨을 쉬었다. "무슨 말인지 알겠어요. 각 채널에 대해 대응이 혼란하면 스위치태스킹을 멈출 수가 없겠네요."

"잘 이해하셨습니다만 한 가지 더 고려해야 할 것이 있습니다." 필이 덧붙였다. "메시지는 간단한 질문과 짧은 답변에 좋은 방식입니다. 메시지 하나에 스위치 한 번, 답변을 위해 다시 스위치 한 번, 그 정도로 끝나면 다행이죠. 하지만 그런 식의 대화가 길어지면…?"

"아이고," 헬렌이 말했다. "무슨 말인지 알겠어요. 그럴 땐 차라리 전화가 더 좋겠죠? 스위칭 비용을 절약하는 차원에서?"

"정확해요." 필이 대답했다.

눈이 휘둥그레지며 헬렌이 말했다. "와, 그 문제에 대해서는 회사 전체 회의를 열어야겠습니다. 이 문제를 어떻게 정리할지 알아내려면 시간이 좀 걸리긴 하겠지만요!"

"맞습니다." 필이 말했다. "하지만 그 일을 정리하는 데 들이는 시간은 그만한 가치가 있을 것입니다. 회사 구성원 중 한 명이 생산성을 단 2%만 향상시킨다 해도, 한 주를 통째로 여분의 시간으로 벌게 됩니다. 이 일을 논의한 결과로 대표님과 회사는 엄청난 자유 시간을 얻게 될 것입니다."

헬렌은 메모에 그 사항도 적었다. "즉시 그렇게 하겠습니다."

필은 그녀가 말을 마치자 이렇게 덧붙였다. "그린가브가 스위치태스킹 억제 전략을 실행하기 전에 제가 주의를 하나 주어도 될까요?"

"그럼요, 그게 뭐죠?"

"대표님과 저는 스위치태스킹의 폐해에 대해 폭넓은 토론과 훈련을 했다는 것을 명심하십시오." 필은 의자에 앉은 채로 몸을 앞으로 약간 숙였다. "하지만 회사의 관리자들은 아직 수동적 업무 중단과 스위치태스킹을 잘 이해하지 못하는 상태이죠."

헬렌은 고개를 끄덕였다. "맞아요. 우리 매니저들은 여전히 스위치태스킹을 하고 있어요. 그들의 표현대로 하면 매일 새 운동화에 신발끈을 조이는 것처럼요. 게다가 그들은 여전히 그것이 잘하는 일이라고 믿고 있습니다!"

"바로 그겁니다." 필이 말했다. "첫째, 그들은 멀티태스킹이 명예 배지나 자부심의 원천이 아니라는 것을 알아야 할 것입니다. 그들은 그것이 실제로 자신의 업무 능력을 저하시키고 있다는 것을 알아야 할 것입니다. 제대로 이해하기 전에는 어떤 변화에도 저항할 것입니다. 샐리가 처음에 얼마나 열정적으로 그 생각에 저항했는지 기억하시죠?"

 필은 잠시 생각에 잠겨 몸을 뒤로 젖혔다. "그건 그들의 잘못은 아닙니다. 멀티태스킹이 얼마나 좋은지에 대해 오랫동안 세뇌되어 왔거든요. 소박한 자랑이 권리처럼 되어 자존심의 원천이 됐죠."

"확실히 나는 그랬어요." 헬렌이 덧붙였다.

"그렇습니다. 이제, 대표님의 관점이 단 이틀 만에 얼마나 많이 바뀌었는지 생각해 보세요. 멀티태스킹이 거짓말보다 더 나쁘다는 것을 인식하기 위해 무엇이 필요했습니까?"

 헬렌은 필의 노트가 있는 화이트보드를 훑어보았다. "나는 저런 과정을 통과해야 했어요. 진실을 알기 위해서는 한 번에 하나씩!"

"좋습니다." 필이 말했다. "기억하세요, 사람들이 먼저 간단한 진실을 이해하도록 도우면 그들에게 어떤 지시를 내리려고 노력하는 것보다 그들이 더 빨리 바뀌도록 도울 것입니다. 위대한 지도자는 말보다는 보여 주죠."

"어제 제가 왔을 때 가족과 더 많은 시간을 보내야 한다고 말로만 했으면 어땠을까요? 아니면 사람들과 대화할 때 더 집중해야 한다고 말로만 했더라면요?"

헬렌이 소리 내어 웃었다. "아마 당신이 힘없이 출구를 찾아 그린가브를 떠나게 만들었겠죠!"

필은 고개를 끄덕였다. "대표님이 회사 매니저에게 대할 접근 방식도 가족과 다를 바 없습니다."

"여러 가지 기술 자료를 손끝에 두고 항상 사용할 수 있다는 것은
성능 및 생산성 감소가 거의 보장되는 일입니다."
—Child Mind Institute의 학습 및 개발 센터 소장인 매튜 크러거
Matthew Crugger 박사

15장

시간 관리 시스템

> "유용하다면 몸에 익히고, 쓸모없다면 거부하되,
> 특별히 당신 자신만의 것을 더하라."
>
> — 브루스 리

헬렌이 턱에 손을 고은 채 말했다. "이 일에서 나를 도와주시면 좋겠는데 어떻게 생각하세요? 나보다 필의 생각에서 나온 것이라고 하면 더 좋을지도 모르거든요."

"무슨 말씀이신지?" 필이 물었다.

"필이 제가 배운 내용을 집단 교육할 수 있는지 궁금합니다." 헬렌이 말했다. "특히, 우리 회사 직원들에게요. 하실 수 있는 일인가요?"

"물론, 도와드릴 수 있죠." 필은 스마트폰을 꺼냈다. "일정을 확인해 보겠습니다."

"좋아요." 헬렌은 화이트보드를 가리켰다. "일정에 없는 일이면 어떤 일도 전념하지 마십시오." 그녀는 스마트폰과 컴퓨터 중에서 하나를 고르겠다는 듯이 번갈아 쳐다보았다. "일정표를 가지고 있지만, 마땅할 정도로 충분히 사용하지 않는다면요?"

필은 이해하겠다는 투의 미소를 보냈다. "사람들은 종종 제게 좋은 일정 앱을 추천해달라고 하죠. 삶을 바꾸고 시간을 절약할 수 있는 단 하나의 킬러 도구는 결국, 단순하고 소박한 일정표보다 더 강력한 것은 없어요.

"일정표를 사용하는 사람이 얼마나 적은지, 사용하더라도 제대로 사용하는 방법을 알고 있는 사람들이 더 적다는 것은 놀라운 일입니다. 예를 들어, 중간 휴식 여유 없이 약속을 앞뒤로 잡습니다. 또는 일정을 확인하지 않고 누군가와 구두 약속을 하기도 하고요. 두 경우 모두 마음만 앞서 약속을 잡다 보니 주의가 분산되기 때문에 스위치태스킹으로 끝나고 마는 거죠."

"여기 갔다, 저거 하다 그런 식으로 말이죠." 헬렌이 어깨를 으쓱하며 말했다.

필은 일정 앱을 열기 위해 스마트폰을 가볍게 두드렸다. "매니저들과 단체 교육 일정을 잡기 전에 제안 하나 해도 될까요?"

"얼마든지요."

필은 종이 한 장에 펜으로 뭔가 쓰기 시작했다. "회사가 스위치태스킹의 종속성에서 벗어나기 위해서는 두 가지 주요한 단계를 밟아야 합니다. 그중 하나는 이미 제안하셨던 것입니다. 우리는 그린가브 직원들에게 멀티태스킹의 폐해에 대해 교육할 것이고요, 다른 하나는 그린가브의 작업 방식이 개선되도록 변화를 가져오는 것이죠. 회사의 시스템에 대해 말하는 것입니다."

그는 헬렌에게 자신의 스케치를 보여주었다.

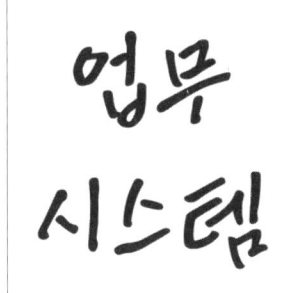 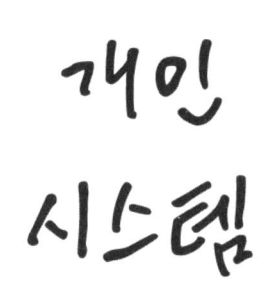

헬렌은 잠시 그 스케치를 보았다. "비즈니스 시스템이라 하면, 우리의 업무 프로세스를 말하는 거죠? 직원들 간에 내부적으로 업무를 수행하는 방식? 우리가 서로 일하고 소통하는 방법, 기타 등등?"

필은 헬렌에게 엄지손가락을 치켜세워 보였다. "맞습니다. 그린가브에 이 시스템을 도입하려는 이유는 무엇일까요?"

"글쎄요." 헬렌은 "주로 이러한 업무 시스템이 없으면 직원들이 각자 원하는 대로 일을 하게 되니까 혼란스러울 것입니다. 하지만 그런 혼란은 직원들만이 아니에요. 내부뿐만 아니라 고객을 대하는 방식에서도 일관성이 없을 것입니다."

"정확합니다." 필은 고개를 끄덕였다. "그걸 명심하고 계속해보기로 하지요. 아마도 업무 시스템 개선보다 더 중요한 것은 먼저 제가 이 회사의 리더인 대표님이 개인 시스템을 정돈하도록 돕는 것입니다."

"좋아요." 헬렌이 대답했다. "어떤 개인 시스템을 말씀하시는 겁니까?"

"개인 시스템은 e-메일 및 음성 메일 관리 방법, 머릿속에 있는 아이디어, 업무 공간 또는 사무실 조직, 일정표 사용 방법 등 한 사람이 업무와 소통을 하는 방식을 말합니다. 명확하고 견고한 개인 시스템이 갖춰지지 않으면 어떻게 될까요?"

헬렌이 한숨을 쉬었다. "그동안 내게 일어났던 일이 바로 그것입니다. 나는 다른 사람들이나 외부의 일에 자꾸 흔들립니다." 잠시 생각한 끝에 그녀는 이렇게 말했다. "업무에서나 개인적인 면이나 마찬가지예요. 시스템이 없으면 일관성이 없어집니다."

필이 페이지에 더 추가했다.

업무 시스템 (회사)	개인 시스템 (본인)

"제가 이 사무실에 오려고 그린가브를 통과하는데 매니저들과 다른 직원들이 어디 불이라는 난 것처럼 정신없이 뛰어다니더라고요. 스트레스와 긴장감이 그린가브의 기업 문화가 되고 있다고 보였습니다." 필은 잠시 말을 멈추고 그 말의 의미가 전달되기를 기다렸다. "저는 회사는 그 회사의 리더가 만든 문화를 반영한다고 생각합니다."

"아이고, 팩트폭격이네요. 하지만 필의 말이 맞아요, 인정하긴 싫지만. 우리는 그것이 문제라는 것을 알고 있었고, 우리의 기업 문화를 변화시키기 위해 웬만한 것을 모두 시도해왔습니다. 휴게실에 재미있는 것들을 배치하고 회사 파티를 몇 개 더 추가해 분위기를 돋구기도 하고요." 헬렌은 어깨를 으쓱했다. "내가 놓친 게 또 있을지도 모르겠지만요."

"그런 노력 모두 근무 환경의 개선에 도움이 되는 좋은 시도지요." 필은 긍정했다. "하지만 환경과 문화는 다른 것입니다. 내 말뜻이 잘 전달되고 있는지 모르겠네요."

"좋아요, 무슨 말인지 더 설명해주시죠."

"어떤 회사든, 어떤 조직이든 그 리더의 모습을 반영합니다. 그 내용을 다른 방식으로 보여드리겠습니다." 그는 스케치에 뭔가를 더해서 그녀에게 보여 주었다.

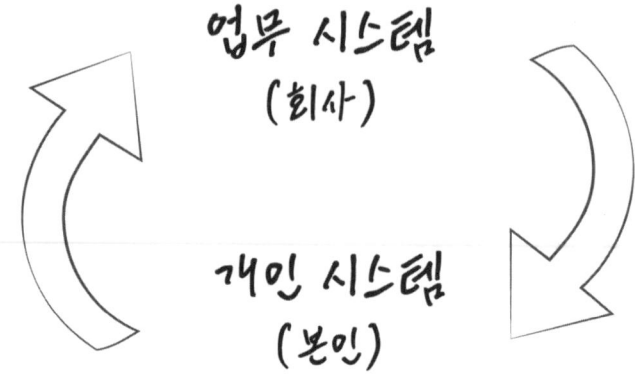

"오! 알았어요! 이제 알겠어요. 내 개인 시스템이 비즈니스 시스템에 영향을 미친다는 말씀이시군요. 내 업무 방식이 회사의 업무 방식에 영향을 미친다. 그리고 그 반대도 가능하다, 그런 말이죠? 두 가지가 서로 영향을 미친다?"

"맞아요." 필은 강조하기 위해 탁자를 두드렸다. "하지만 어떤 집단을 변화시키기는 한 사람을 바꾸는 것보다 어렵습니다. 그렇다면, 회사를 바꾸고 싶다면 어디서 시작하는 것이 가장 좋을까요?"

"나부터요." 헬렌이 말했다.

"제대로 인지하셨네요." 필이 대답했다. "본능적으로 이미 인지하고 계셨을 겁니다."

"그래서 당신을 모셔온 거죠." 그녀가 덧붙였다.

"바로 그겁니다." 필이 말했다. "멀티태스킹으로 컨설팅 세션을 시작했는데, 그 이유는 이것이 너무 흔하고 익숙한 주제이기 때문입니다." 필은 말을 이었다. "또한 거의 모든 사람이 긍정적인 변화를 일으키기 쉬운 스타트가 되기도 하죠. 일정표 사용의 개선과 같은 개인 시스템의 개선은 가장 명확하고 가시적인 영역에서 변화를 이끌어 내는 경우가 많습니다."

"알겠어요. 그럼, 뭘 추천하시겠어요?"

"직원을 훈련하기 전에 대표님과 내가 시작한 일을 마저 하기로 하죠." 필이 말했다. "스위치태스킹에 대해 배운 것으로 이미 대표님 개인과 가족은 큰 영향을 받았습니다. 먼저 대표님에 대해 집중해 보겠습니다. 적어도 잠시는요. 그다음엔 회사 전체에 관심을 돌릴 수 있을 거예요."

헬렌은 한 박자도 놓치지 않고 필의 생각을 이어갔다. "그리고 그렇게 하면 내 사업에도 영향이 미치게 되겠죠. 사람들은 내가 개인 시스템을 바꿨다는 것을 알게 될 것이고, 그것으로 인해 나는 내 시간을 보호받고 방해를 최소화할 수 있겠죠.

"그들은 우리에게 규칙적인 회의가 있음을 알고 자신의 질문을 저장해두는 법을 배울 것입니다. 또 내가 그들에게 집중하고 주의를 기울이고 있다는 것을 알게 될 것입니다. 내가 예전만큼 스위치태스킹을 하지 않는다는 것도요.

"그리고 이상적으로 말하자면, 우리 관리자들은 변화를 인식하고 이 도형이 시사하는 것처럼 나를 따르기 시작할 것입니다."

"넵. 시간이 지나면 그렇게 되겠죠." 필이 확인했다. "나중에, 우리는 그들의 개인 시스템을 바꾸는 데 도움이 될 교육을 제공할 수 있습니다."

헬렌이 끼어들었다. "왜냐하면 매니저가 변화하면 그들의 부서도 바뀌게 될 테니까요, 그렇죠? 각 부서는 그 경영진의 반영이 아닙니까?"

필은 감명을 받았다. "아! 좋은 열매가 맺혔어요. 좋습니다, 대표님." 그는 스마트폰을 툭툭 쳐서 달력 앱을 열었다. "시작한 일을 끝낼 준비가 되셨나요? 개인 시스템을 구축할 준비가 되셨습니까?"

"그럼요! 준비됐어요."라고 헬렌이 말했다.

필은 히죽 웃으며 그녀의 컴퓨터를 가리켰다. "그 일정표를 사용할 시간입니다. 정기 회의를 어떻게 만들지 함께 알아보자고요."

566

사용자가 매일 응용 프로그램을 전환하는 평균 횟수.

— Microsoft Research를 위해 마크Mark, 입발Iqbal, 체르윈스키Czerwinski 및 존스Johns가 수행한 연구

16장

후속 조치

> "좋은 일이 있을 때, 특히 승리를 축하할 때는
> 다른 사람들을 선두에 세우는 것이 좋다."
>
> — 넬슨 만델라

필이 연단에서 물러나자, 회의실은 짧은 박수로 가득 찼다. 그가 자리를 뜨자, 헬렌은 그녀를 에워싼 몇몇 그린가브 직원들에게 열변을 토했다.

필이 가방을 꾸리면서 헬렌과의 첫 만남 이후 지난 3개월을 되돌아보는 시간을 잠시 가졌다.

첫 이틀 동안의 컨설팅 세션에 이어서 그들은 정기적으로 만났다. 필은 헬렌이 그녀의 개인 시스템을 만들고 새로운 시간 예산을 세우는 것을 도왔으며, 그다음에는 헬렌이 샐리부터 시작해서 주요 직원들과의 정기 미팅을 계획하도록 도왔다.

헬렌이 자신의 개인 시스템을 정리한 후, 그녀와 필은 회사 관리자들을 대상으로 한 훈련을 시작할 적절한 시기가 되었다는 데 동의했다. 필은 팀으로서 그들과 함께 일했고 헬렌이 세운 예를 그들이 따르도록 개별적으로 도와주었다.

처음에는 이러한 점진적인 변화를 보고 어떻게 대해야 할지 혼란스러워 하는 직원들이 많았다. 그들의 말에 따르면 지도자와 관리자들에게 반쯤 무시당하는 것에 이미 익숙하다는 것이었다. 하지만 시간이 흐르면서, 직원들은 이번에 이루어진 기업 문화의 변화가 이전과 같은 단지 세미나가 가져온 일시적 열성이 주도하는 단계 그 이상이었다고 보고했다. 그린가브는 새로운 초점을 발견하여 거기에 집중했고 그것이 지속되도록 했다.

그것은 요란한 슬로건과 함께 하는 대단한 변화는 아니었다. 그 변화는 조용하면서도 의미를 담는 것이었다. 헬렌과 그녀의 경영진은 그저 듣기만 했다. 그들은 팀원들에게 시간과 관심을 주었다.

과제와 프로젝트에 대한 후속 조치도 꾸준히 진행되어 점차 개선되고 있었다. 헬렌이 예측한 대로, 판매량도 향상되었다. 영업사원들이 고객을 더 존중하기 시작하자 그들은 자신들이 그린가브의 거래 상대방 그 이상으로 대우받고 있다고 느꼈다.

헬렌은 필에게 엄지손가락을 치켜세웠다. 필은 미소를 짓는 것으로 그 엄지에 답례했다.

문밖으로 향하는 필에게 낯익은 얼굴이 다가왔다. "옷도 챙기셔야죠." 샐리가 필에게 코트를 건네주면서 말했다. "필요할 거예요. 밖에 비가 세차게 와요."

"잊을 뻔했네요. 고마워요, 샐리." 필이 따뜻하게 말했다. "살펴주셔서 감사합니다."

"별말씀을요."

필은 코트를 어깨에 걸치면서 말했다. "기억하시죠? 우리가 했던 작은 내기의 결말을 볼 시간을 정해야겠네요. 제게 도넛 몇 개는 사셔야 할 것 같은데요."

샐리가 소리 내어 웃었다. "그렇게 생각해요, 필? 흠, 그럴지도 모르지요. 헬렌이 좋아졌으니까 제가 내는 게 맞겠죠. 하지만 최종 판단은 유보하고 있습니다."

"샐리, 당신이 그렇게 말하리라 예상했습니다." 필은 가방을 집으며 말했다. "헬렌의 변화가 당신의 기대에 부응하지 못한다고 본다면, 미디엄 레어 스테이크가 동행자를 포함하여 당신을 기다리겠습니다."

"어떻게 될지 두고 보자고요." 샐리는 이렇게 말하며 손을 흔들고 동료와 이야기하기 위해 몸을 돌렸다.

필은 다른 직원들과 악수를 하고 몇몇의 질문에 대답하느라고 회의실에서 빠져나오는 데 시간이 꽤 걸렸다. 건물 입구를 지나 거센 폭우 속으로 들어가면서, 그는 곧 외투만으로는 비를 막지 못하겠다는 것을 깨달았다.

필은 열쇠 꾸러미를 찾기 위해 코트 주머니를 더듬으며 차를 향해 정신없이 돌진했다. 그가 버튼을 누르자 삑삑거리며 폭풍우를 뚫고 전조등이 켜졌다.

문을 열고 조수석 쪽으로 가방을 던진 그가 운전석으로 털썩 내려앉으려는데 알록달록한 셀로판으로 감싼 뭔가가 거기에 놓여 있는 것을 발견했다.

필은 그것을 집어 들고는 미소를 지었다. 앉아서 문을 닫고 조심스럽게 포장지에서 테이핑된 노트 카드를 벗겨내어 읽기 시작했다.

필—

축하합니다! 한 달 넘는 동안 헬렌 사무실 밖에서 기다릴 필요가 없었어요!

그러니… 당신이 이겼어요.

샐리

추신: 도너츠는 가게에서 산 거예요. 하지만 접시는 내 것이니 다음 그린가브 방문 시에 깨끗이 설거지 후 반납해주세요. 다시는 당신 차에 함부로 난입하지 않겠다고 약속할게요.

필은 바닐라 프로스트와 무지개가 뿌려진 케이크 도넛을 한 입 베어 물고

옆에 있는 접시에 내려놓고는 차에 시동을 걸었다. 그의 입가에는 도넛 가루와 함께 미소가 번져 있었다.

워크시트

스위치태스킹 연습

안내

다음의 간단한 연습으로 스위치태스킹이 작업 효율성에 어떻게 부정적인 영향을 미치는지 이해할 수 있습니다.

참고: 다음 사이트에서 전체 크기의 버전을 다운로드할 수도 있습니다. DaveCrenshaw.com/worksheet.

실행 순서

준비하기

1. 펜이나 연필과 함께 **페이지의 워크시트를 준비합니다. 필요에 따라 이 워크시트를 여러 장 복사할 수 있습니다.
2. 초를 표시하는 타이머를 준비합니다. 다른 사람에게 시간을 재어달라고 부탁하는 것이 좋습니다.
3. **페이지에 있는 완료된 워크시트의 예를 참조하십시오.

첫 시도

1. 시작하기 전 먼저 아래의 지침을 읽어 보십시오.
2. 첫 번째 줄에, "멀티태스킹은 거짓말보다 더 나쁘다"라는 문구를 복사하세요.
3. 첫 번째 행에서 전체 구문을 복사한 후 두 번째 행으로 전환하여 1-27 사이의 숫자를 모두 적습니다.
4. 준비, 시작! 타이머를 시작합니다.
    마지막 번호인 27을 완료한 후 두 번째 행의 끝에 완료까지의 대략적인
5. 완료 시간을 기록합니다.

두 번째 시도

1. 타이머, 워크시트, 펜 또는 연필을 다시 준비합니다.
2. 시작하기 전 먼저 아래의 지침을 읽어 보십시오.
3. 세 번째 행에서 "멀티태스킹은 거짓말보다 더 나쁘다"는 문구를 복사하되, 쓰는 모든 글자에 대해 네 번째 행으로 전환하여 해당 번호를 적습니다. 예를 들어, "M"과 "1", "U" 및 "2" 이런 식으로 세 번째 행과 네 번째 행이 첫 번째 행과 두 번째 행과 같아 보일 때까지 씁니다.
4. 준비, 시작! 타이머를 시작합니다.
    마지막 번호인 27을 완료한 후 두 번째 행의 끝에 이르기까지 대략적인
5. 완료 시간을 기록합니다.

일반적으로 두 번째 시도에서 다음과 같은 결과를 경험합니다.
- 완료 시간 증가, 종종 소요 시간이 15~100% 증가한다.
- 작업 품질 저하(실수, 쓰기 품질 저하, 잘못된 수 발생)
- 좌절감과 짜증감을 포함한 스트레스 증가

	Multitasking is worse than a lie
M 1	
M 1	

집중을 방해하는 요소를 차단하기

안내

당신의 관심을 자주 필요로 하는 사람들과 짧고 반복적인 회의를 연다면 당신이 하루에 받는 수동적 방해의 수를 크게 줄일 수 있습니다.

이 장의 워크시트(167페이지)는 정례 회의로 누가 가장 큰 이익을 얻을 수 있을지 그 대상을 결정하는 데 도움이 됩니다. 필요에 따라 이 워크시트를 여러 개 복사하여 사용하세요.

참고: 다음 사이트에서 전체 크기의 버전을 다운로드할 수도 있습니다. DaveCrenshaw.com/worksheet.

적용 단계

1. '해당자' 열에는 매주 연락하는 각 대상자의 이름을 적습니다. 여기에는 회사 구성원인 개인 및 전문가 연락처가 모두 포함됩니다.
2. '내용' 열에는 이 관계에 대해 기억하는 데 도움이 될 만한 모든 것을 적습니다.
    예) 논의되는 일반적인 주제, 중단 유형 또는 위치 제목.
    '참고인?' 아래의 첫 번째 '필요한 요소' 열에 해당 당사자에게 지도가 필요하거나 직접 그 일에 책임을 져야 할 경우, 그 당사자에 대한 점수를 3으로 적습니다. 그렇지 않다면, 0점을 매깁니다.

4. 다음 칼럼에서 '질문?'은 질문을 얼마나 자주 하는지에 관해 해당 당사자의 점수를 매깁니다. 다음 척도를 사용하여 0, 1, 2 또는 3을 쓰세요.

0 = 없음
1 = 드물게
2 = 가끔
3 = 자주

5. '관리?'에서 했던 것과 같은 척도를 사용하여 나머지 열을 완성합니다.
   - 일정? 일정 관리를 얼마나 자주 조정해야 합니까?
   - 위임? 당신은 얼마나 자주 해당자에게 업무를 위임합니까?
   - 조율? 성공적인 결과를 얻기 위해 당신과 해당자가 얼마나 자주 노력을 조율해야 합니까?
   - 지원? 이 사람은 얼마나 자주 당신의 일을 돕습니까?
   - 후속 조치? 이 사람이 성공적인 업무를 하기 위해서는 얼마나 자주 후속 조치를 취해야 합니까?

6. '필요 점수' 열에 있는 모든 '필요' 열에서 해당 당사자의 점수를 합산하고 결과를 기록합니다.

7. '순위' 열에는 '필요 점수'에서 계산한 숫자를 입력합니다. 예를 들어, 5명을 나열하였다면 1에서 5까지의 순위를 입력합니다. 가장 높은 '필요 점수'가 여기서는 1순위로 나타냅니다.

표 1) 정기 회의 순위

		필요 내용							
대상자	내용	참고인?	실행?	말정?	조율?	지원?	후속조치?	필요점수	순위
이름	도움이 필요한 내용	0-3	0-3	0-3	0-3	0-3	0-3	(합산)	가장 많은 점수가 최우선 순위

반복되는 회의

결과

앞장의 워크시트를 완료하고 나면 방해 요소를 줄일 필요성을 더 잘 이해할 수 있을 것입니다. 그것을 하기에 가장 쉬운 방법 중 하나가 정기 회의를 여는 것입니다.

이러한 회의는 다양한 명칭으로 진행될 수 있습니다. 예를 들어 스탠딩 미팅[2] 스크럼 회의[3] , 일대일 논의, 간단한 확인 등.
어떤 이름으로 부르든 매일의 전환 비용을 절감하는 데 필수적입니다.

이 반복 확인 워크시트(171페이지)는 정기 회의 일정 계획을 어디서 시작할지 그 지점을 찾는 데 도움이 됩니다. 시간 경과에 따라 이 계획을 얼마든지 조정할 수 있습니다.

참고: 다음 사이트에서 전체 크기의 버전을 다운로드할 수도 있습니다. **DaveCrenshaw.com/worksheet.**

---

2. 서서 짧게 끝내는 회의
3. 모든 팀원이 매일 약속된 시간에 약 15분 정도의 짧은 시간 동안 진행상황을 점검하는 회의를 말한다.

단계

1. 정기 회의 순위 워크시트에서 가장 높은 순위를 가진 대상자를 찾습니다. 순위, 필요 점수 및 이름을 정기 회의 워크시트의 첫 번째 행에 복사합니다.
2. '빈도' 열에서 그 대상자와의 회의 빈도를 나타내는 칸을 선택합니다. 다음은 몇 가지 유용한 지침입니다.
   - 필요 점수가 18점 이상인 대부분의 대상자는 매일 미팅을 가질 수 있습니다.
   - 필요 점수가 14~17점인 사람은 대개 일주일에 한 번 당신을 만날 수 있습니다.
   - 필요 점수가 6~13점인 대상자는 격주로, 매월 첫째 주 및 셋째 주 등과 같이 가장 두 달에 한 번 열리는 회의에 참가하는 혜택을 받을 수 있습니다.
   - 필요 점수가 6점 이하인 사람은 한 달에 한 번 또는 "필요에 따라" 정해진 날짜 없이 당신의 시간을 필요로 할 수 있습니다.
3. 각 회의의 기간을 결정합니다. 다음과 같은 일반적인 지침을 사용합니다.
   - 빈도가 높을수록 미팅은 짧아집니다. 즉, 매일의 회의는 15분으로 유지되어야 하고, 매월 회의는 최대 50분까지 연장될 수 있습니다.
   - 회의 소요 시간이 15분 미만이라면 그것이 반복적이더라도 피하십시오. 그런 반복 미팅은 연기되거나 무시되기 쉽습니다. 미팅 시간이 더 짧게 끝났다면, 남은 시간을 다음 활동을 준비하는 버퍼로 사용하십시오.

- 50분 이상의 정기 회의는 시간을 낭비할 수 있으므로 피하는 것이 좋습니다. 한 시간을 잡아 두었던 회의에서 남은 10분을 버퍼로 사용하면 다음 활동에서 스위칭 비용을 절감할 수 있습니다.
4. 각 대상자와 미팅 일정을 간단하게 논의합니다. 서로 가장 좋은 날짜와 시간을 결정합니다.

    두 사람 중 어느 누구도 방해받지 않을 가능성이 높은 시간으로 반복 회의를 예약합니다.
5. 각 대상자가 워크시트의 해당 열에 체크 표시를 하여 일정관리에 약속을 예약했는지 확인합니다.
6. 워크시트에 나열된 다음 두 개의 높은 순위의 대상자에 대해 1~5단계를 반복합니다.
7. 한 달 후 진행 상황을 다시 평가하고 필요에 따라 일정을 조정하십시오.
8. 필요에 따라 워크시트에서 이름을 추가하고 위의 단계를 반복합니다.

표 2) 반복적 회의 워크시트

순서	필요 점수	이름	빈도	소요 시간	요일	시간	장소	내 일정표	상대방 일정표
			☐ 매일 ☐ 매주 ☐ 격주 ☐ 1,2번/달 ☐ 2,4번/달 ☐ 매달 ☐ (날짜____)	☐ 15분 ☐ 25분 ☐ 50분 ☐ ____	☐ 매주 ☐ 월요일 ☐ 화요일 ☐ 수요일 ☐ 목요일 ☐ 금요일 ☐ 토요일 ☐ 일요일	~			
			☐ 매일 ☐ 매주 ☐ 격주 ☐ 1,2번/달 ☐ 2,4번/달 ☐ 매달 ☐ (날짜____)	☐ 15분 ☐ 25분 ☐ 50분 ☐ ____	☐ 매주 ☐ 월요일 ☐ 화요일 ☐ 수요일 ☐ 목요일 ☐ 금요일 ☐ 토요일 ☐ 일요일				
			☐ 매일 ☐ 매주 ☐ 격주 ☐ 1,2번/달 ☐ 2,4번/달 ☐ 매달 ☐ (날짜____)	☐ 15분 ☐ 25분 ☐ 50분 ☐ ____	☐ 매주 ☐ 월요일 ☐ 화요일 ☐ 수요일 ☐ 목요일 ☐ 금요일 ☐ 토요일 ☐ 일요일				
			☐ 매일 ☐ 매주 ☐ 격주 ☐ 1,2번/달 ☐ 2,4번/달 ☐ 매달 ☐ (날짜____)	☐ 15분 ☐ 25분 ☐ 50분 ☐ ____	☐ 매주 ☐ 월요일 ☐ 화요일 ☐ 수요일 ☐ 목요일 ☐ 금요일 ☐ 토요일 ☐ 일요일				

시간의 진실

안내

시간의 진실 워크시트(175페이지)는 여러분이 일주일에 168시간을 어떻게 보내는지 알아내는 데 도움이 될 것입니다.

이 시간의 진리를 이해하면, 당신은 자기 개인의 주간 시간 예산을 조정할 수 있을 것입니다.

참고: 다음 사이트에서 전체 크기의 버전을 다운로드할 수도 있습니다. DaveCrenshaw.com/worksheet.

단계

1. 시간의 진실 워크시트를 사용하여 특정 날짜에 참여하는 활동(예: "가족 시간", "취미", "운동", "집안일", "종교 생활", "사회봉사" 등)을 분류하기 위한 용어를 입력합니다. 제공된 행보다 더 많이 사용할 필요가 없도록 충분히 범주를 넓게 사용합니다.
2. '활동 내용' 열에서 각 활동을 정의합니다. 이 정의는 모든 활동을 설명하고 중복되지 않도록 하는 데 도움이 됩니다. 예를 들어, 가족 시간과 배우자 시간을 모두 별도의 활동으로 나열하는 경우 '활동 내용' 열 아

래에 있는 가족 시간 간의 차이가 명확하도록 합니다. 예를 들어, "배우자와의 데이트 밤"은 배우자 시간에 적용되는 반면, "아들 주간 가라테 수업"은 가족 시간으로 계산됩니다.
3. '현재' 열에는 각 활동에 소비하는 평균 주 중 시간을 추정하여 입력합니다. 필요한 경우 가장 가까운 30분 단위로 반올림합니다. 계산 시 주말 일정과는 차이가 있을 것이라는 점에 유의하십시오.

예를 들어, 만약 여러분이 매일 밤 평균 7시간을 자지만 금요일과 토요일 밤에 추가로 1시간의 수면을 더 취한다면, 수면 활동의 총계는 49가 아니라 51이 될 것입니다. 이 단계 중에는 총량을 168에 맞추려고 하지 마십시오. 그냥 추측해 보세요. 그 숫자는 다음 단계에서 다시 조정할 수 있습니다.

참고: 일반적으로, 사람들은 의자에서 일어나거나 간식을 먹는 등의 사소하고 무작위적인 활동이 누적되어 하루에 한 시간씩은 필연적으로 잃어버리게 되기 때문에 '낭비한 시간' 열은 미리 7시간으로 채워져 있습니다.

4. '현재' 열에 있는 모든 추정치를 합한 다음 168(한 주의 총 시간)에서 해당 값을 뺍니다. 여러분은 아마도 "4"나 "-7.5"와 같은 숫자를 갖게 될 것입니다.

5. (합계가 정확히 168이 나왔으면, 이 단계를 건너뜁니다.) 하루의 시간은 정해져 있으므로 자신의 시간 추정치를 현실적으로 균형에 맞게 해

야 합니다. 총 168시간이 될 때까지 다른 활동에서 시간을 더하거나 빼도록 합니다. 오류가 생기는 일반적인 원인으로는 다음과 같은 것들이 있습니다.

- '활동 내용' 열의 활동을 명확하게 정의하지 않아 하나 이상의 활동이 중복.

최대 시간(예: 수면 또는 작업)을 초과 또는 과소평가.
- 활동을 망각하고 설명하지 않음.
- 시간 추정에서 스위치태스킹을 포함하는 것을 잊음. 이 오류를 해결하려면 '활동 내용' 정의를 보다 구체적으로 설명한다.

6. 이제 시간을 어떻게 사용하는지 이해했으므로 조정할 행을 찾아 강조 표시하십시오. 만약 당신이 완벽한 한 주를 보낼 수 있다면, 그 주는 어떨까요?
7. '계획' 열에 새로 결정된 시간 예산을 입력합니다. 이러한 시간 예산을 언제 조정할지(보통 한 달이 일반적입니다)를 결정하십시오
8. 그런 다음, 4단계와 5단계에서와 마찬가지로 총합이 168이 되는지 다시 확인합니다.
9. 비어 있는 주간 일정관리를 사용하여 해당 주에 대한 새로 만든 "이상적" 일정표를 작성합니다. 시간별로 각 활동에 대한 새 시간 예산을 입력합니다. 가능하면 부호, 색상, 태그 지정 또는 글꼴을 활용하여 활동을 분류합니다. 이는 향후 의사 결정을 안내하는 데 도움이 될 것입니다.
10. 매주 일정을 결정할 때는 이 시간 계산표가 유용하게 쓰일 것입니다. 합

리적인 만큼, 이 예산과 밀접하게 일치하는 선택을 하십시오. 완벽하지는 않겠지만, 이 도구는 여러분이 시간을 더 진실하게 사용할 수 있도록 도와줄 것입니다.

활동	활동 내용	현재	계획
낭비한 시간	모눅 풀거나 자리에서 일어나는 행동 등 자질구레한 활동	7	7
수면	낮잠, 쪽잠 등 실제 잠을 잔 시간		
준비	샤워, 옷 갈아입기 등 아침 저녁으로 해야 하는 활동		
근무	직장으로의 출퇴근 등 직업과 직접적으로 연결된 일		
개인의 여가 활동			

의사소통 경로

안내

의사소통 경로는 당신이 팀원들이 서로 대화하고 질문을 하는 방법을 말합니다. 어떤 특정 상황에서 어떠한 경로가 적합한지 헷갈릴 때 소통이 급격히 중단됩니다. 같은 페이지에 들어가면 생산성을 높이고 숨겨진 시간을 발견할 수 있습니다.

본 의사소통 경로 워크시트(180페이지)는 당신과 회사 혹은 팀이 소통 수단을 명확하게 설명할 수 있는 유용한 가이드 역할을 할 수 있습니다. 이 도구는 영향을 받는 모든 팀 구성원이 있는 자리에서 함께 설정하는 것이 가장 좋습니다.

참고: 다음 사이트에서 전체 크기의 버전을 다운로드할 수도 있습니다. DaveCrenshaw.com/worksheet.

단계

준비
1. 팀 리더인 경우, 업무 소통을 개선하는 방법에 대해 논의할 것임을 팀에 알립니다.

당신이 팀장이 아니라면, 이런 논의를 하는데 팀 리더에게 허락이나 동의를 얻도록 합니다. 그에게 이 책을 주는 것이 출발점이 될 수 있으니 생각해 보세요.
2. 회의를 개최할 시간을 정하십시요. 대부분 팀이 아마 50분을 다 사용한 다음 이후 10분 동안을 여유로 남겨둡니다. 규모가 큰 팀일수록 시간이 더 필요할 수 있습니다. 개최를 통보한 최소한 1~2주 후에 회의를 개최하고 모든 팀원이 참석할 수 있도록 하십시오.
3. 서로 의사소통하는 방법의 목록을 작성합니다. 여기에는 전화, 이메일 등을 통한 직접 방문도 포함됩니다. 이 목록을 워크시트의 채널 열에 추가하여 시작점을 찾습니다. 몇 가지 공통 채널이 이미 추가되었습니다.
4. 회의 전 주에 채널 목록을 전송하고 팀 구성원에게 a) 각 채널을 얼마나 자주 사용하는지, b) 채널 사용을 선택한 이유를 물어봅니다. 사람들이 원하면 메모를 할 수 있지만, 이 요청의 목적은 단순히 그들이 토론을 위해 정신적으로 준비하도록 돕는 것이다.

회의를 위한 만남

1. 모든 참석자가 사용할 수 있도록 워크시트의 복사본을 준비하거나 대형 화이트보드 또는 플립차트에 다시 만듭니다.
2. 제시간에 시작하세요.
3. 모든 사람이 더 집중적인 작업을 할 수 있도록 중단을 줄이는 것의 중요성에 대해 토론합니다. 옵션: 업무 중단 비용을 설명하기 위해 129페이지의 전환 작업 연습에 대해 공유하고자 할 수 있습니다.

4. 워크시트에 작성한 채널의 시작 목록을 공유합니다. 참석자들에게 놓쳤을 수 있는 채널을 추가해 달라고 요청합니다.
5. 옵션: 모든 사람이 쓸모없다고 동의하는 채널이 있는지 묻습니다. 그런 경우 목록에서 해당 항목을 제거하고 더 이상 사용하지 않기로 동의합니다.
6. 팀별로 목적란 아래에 각 채널의 목적을 규정한다. 시작할 몇 가지 예:
    a. "직접"—교육이 이루어지는 중요한 회의
    b. "전화"—15분 이내의 간단한 전후 대화.
    c. "문자 메시지"—빠른 원-질문, 원-응답 커뮤니케이션.
    d. "회사 내부 채팅"—프로젝트 계획을 위한 그룹 커뮤니케이션.
    e. "이메일"—첨부 파일과의 상세한 서면 통신.
    f. 등등…

7. 팀별로 그리고 가능한 한 최선을 다해 각 채널의 현재 예상 응답 시간을 기록합니다. 현재 예상 응답 시간 열에서 이 작업을 수행합니다. 종종, 많은 의견 충돌이 있을 것입니다. 이는 채널에 대한 이러한 정의가 왜 발생해야 하는지를 설명하고 변경사항의 그룹 바이-인(buy-in)을 개선할 수 있기 때문에 유용합니다.
8. 팀별로 "새로운 예상 응답 시간" 열을 사용하여 각 채널에 대한 모든 대상자의 기대치를 정의합니다.

이 작업을 수행하려면 모든 대상자가 같은 페이지에 있을 때까지 몇 가지 앞뒤로 토론해야 합니다.□

9. 가끔 더 적절한 채널로 통신을 변경해야 하는 경우를 발견하게 될 것입니다. 예를 들어, 문자 메시지 교환이 확장된 대화로 전환되는 경우 전환하는 것이 더 나을 수 있습니다.

    전화 한 통에 이러한 순간을 어떻게 다룰 것인가에 대해 팀으로 합의하십시오. 예를 들어, 정중하게 "이 문제를 (채널 이름)으로 옮겨야 할까요?"라고 제안할 수 있습니다. 그룹 답변을 워크시트의 맨 아래에 "채널을 전환해야 할 때…"라는 제목으로 입력하십시오.
10. 모든 질문에 대답하고 모든 문제에 응답합니다.
11. 검토를 위해 간단한 후속 회의를 예약합니다. 이상적으로는, 4주에서 8주 사이에 이런 일이 일어날 것이다.
12. 채널 토론 워크시트의 사본을 모든 참석자에게 보냅니다.

후속 조치

1. 후속 미팅에서 무엇이 효과가 있었는지, 무엇이 효과가 없었는지 논의합니다. 다음 질문을 고려하십시오. 주의 스위치가 감소했습니까?
2. 팀별로 채널 토론 워크시트를 조정해야 하는지 여부를 고려합니다. 변경되는 경우 작성되었습니다. 모든 대상자가 수정된 워크시트의 사본을 수신했는지 확인합니다.
3. 필요한 경우 8주에서 12주 이내에 후속 조치를 다시 실시하여 추가 조정을 실시합니다.

경로	목적	현재의 답변 예상 시간	신규 답변 예상 시간
대면			
전화			
메시지			
이메일			

의사소통 경로를 바꿔야 할 때, 이렇게 할 것이다.

출처

이 책은 내가 전 세계의 회사들을 컨설팅한 현장 경험을 바탕으로 쓴 책입니다. 그럼에도 다른 연구와 연구자들 또한 이 책에서 볼 수 있는 결론과 제안들에 많은 영향을 끼쳤습니다.

사람들의 멀티태스킹에 숨겨진 비용과 부정적인 영향에 대해 더 자세히 알아보려면 재능 있는 연구자들이 이룩한 다음과 같은 연구를 찾아보십시오.

Al-Hashimi, Zanto, and Gazzaleya. "Neural sources of performance decline during continuous multitasking." *Cortex* 71 (2015): 49-57.

Altmann, E. "Brief Interruptions Spawn Errors." *MSU Today*(blog). January 7, 2013. msutoday.msu.edu/news/2013/briefinterruptions-spawn-errors.

Bryan College. "How are multitasking millennials impacting today's workplace?" *Bryan College*. 2016. www.bryan.edu/multitasking-at-work.

Courage, M. L., A. Bakhtiar, C. Fitzpatrick, S. Kenny, and K. Brandeau. "Growing up multitasking: The costs and benefits for cognitive development." *Memorial University, Living in the "Net" Generation: Multitasking, Learning, and Development* 35 (2015).

Dabbish, L., G. Mark, and V.M. Gonzalez. "Why do I keep interrupting myself?: environment, habit and self-interruption." CHI '1: *Proceedings of the SIGCHI Conference on Human Factors in Computing Systems* (May 2011): 3127–3130.

Deloitte. *Global mobile consumer trends*, 2nd edition. 2017.

Ehmke, R. "How Phones and Multitasking Ruin Concentration." *Child Mind.* September 20, 2017. childmind.org/article/kidsshouldnt-use-phones-during-homework.

Gonzalez, Victor M., and Gloria Mark. " 'Constant, Constant, Multi-Tasking Craziness.' " *Proceedings of the 2004 Conference on Human Factors in Computing Systems—CHI 04*(2004): 24–29.

Hallowell, E. M. "Overloaded Circuits: Why Smart People Underperform." *Harvard Business Review*. 83, no. 1(2005): 54–62.

Hirnstein, M., F. Larøi, and J. Laloyaux. "No sex difference in an everyday multitasking paradigm." *Psychological Research 83* (2019): 286–296.

Leroy, S. "Fresh insights into workplace interruptions." *University of Washington* (Bothell) (blog). February 15, 2019.

www.uwb.edu/news/february-2019/task-interrupted.

MacKay, J. "The State of Work Life Balance in 2019: What we learned from studying 185 million hours of working time." *RescueTime* (blog). January 24, 2019.

blog.rescuetime.com/work-life-balance-study-2019/.

Mark, G., S. Iqbal, M. Czerwinski, and P. Johns. "Focused, Aroused, but so Distractible." *Proceedings of the 18th ACM Conference on Computer Supported Cooperative Work & Social Computing—CSCW* 15 (2015).

Mark, G., V. Gonzalez, and J. Harris. "No Task Left Behind? Examining the Nature of Fragmented Work." Paper presented at Conference on Human Factors in Computing Systems, Portland, Oregon, April 2–7, 2005.

Martin, J. "Deepak Chopra on Your 'Super Brain,' Work Stress and Creativity." *Forbes.* December 2012.

www.forbes.com/sites/work-in-progress/2012/12/20/deepakchopra-on-your-superbrain-work-stress-and-creativity/#7ecc3cf f655f.

Miller, E. "Here's Why You Shouldn't Multitask, According to an MIT Neuroscientist." *Fortune*. December 2016. fortune.com/2016/12/07/why-you-shouldnt-multitask.

Moran, M. "Researchers Find Neural Bottleneck Thwarts Multitasking." *Vanderbilt Register*. January 22, 2007. www.vanderbilt.edu/register/articles?id=31525.

Perlow L. A., C. N. Hadley, and E. Eun. "Stop the Meeting Madness." *Harvard Business Review*. July/August 2017. hbr.org/2017/07/stop-the-meeting-madness.

Rideout, V., and M. B. Robb. "Media Use By Teens and Tweens." *The Common Sense Census*. 2019.

Sana, F., T. Weston, N. Cepeda. "Laptop multitasking hinders classroom learning for both users and nearby peers." *Elsevier* 62(2013): 24–31.

Scoble, R. "The war on noise." Scobleizer (blog). November 9, 2012. *scobleizer*.blog/2012/11/09/the-war-on-noise.

Strang, A. L., V.M. Gonzalez, and G. Mark. Excuse Me: *Interrupting Working Spheres*. Irvine: University of California, 2004.

Strayer, D. L., F.A. Drews, and D. J. Crouch. "A Comparison of the Cell Phone Driver and the Drunk Driver." *Human Factors* 48, no. 2 (2006): 381–391.

"Udemy In Depth: 2018 Workplace Distraction Report."

Udemy.research.udemy.com/wp-content/uploads/2018/03/FINALUdemy_2018_Workplace_Distraction_Report_links.pdf.

Vaisman, A., and R.C. Wu. "Analysis of Smartphone Interruptions on Academic General Internal Medicine Wards. Frequent Interruptions may cause a 'Crisis Mode' Work Climate." *Applied Clinical Informatics* 8, no. 1 (2017): 1–11.

Vregelaar, R. M. "Internet Multitasking in the Workplace: Motives and Coping Strategies." University of Twente. October 18, 2019. essay.utwente.nl/79878.

소문내기에 동참해 주세요!

『멀티태스킹은 신화다』가 처음 출판된 이후 많은 사람이 스트레스는 줄어들고 자유 시간이 늘어났으며 그럼에서도 가정과 일에서의 균형도 향상되었다고 증언하고 있습니다. 다른 사람들과 이 책의 내용을 전하는 독자들이 없었다면 이 책이 그렇게 많은 사람의 삶을 바꾸는 역할을 할 수는 없었을 것입니다.

다음과 같이 하여 당신도 다른 사람에게 도움을 줄 수 있습니다.

1. 팀원들과 회의를 할 때 이 책의 멀티태스킹 연습을 하도록 하여 당신이 찾아낸 사실을 그들도 알게 합니다. 그렇게 함으로써 사실은 멀티태스킹이 아니라 스위치태스킹을 하고 있었다는 것을 볼 수 있습니다.

2. 지인들에게 이 책을 선물로 전하는 방법도 적절히 사용할 수 있습니다. 이 책은 확신하지 못하는 사람들에게 확신을 심어주겠다는 목표를 가지고 있습니다.

대량 구매 연락처
출판사 이메일 insightpub@naver.com

저자 소개

데이브 크렌쇼 Dave Crenshaw는 다양한 규모의 Fortune 500대 기업과 대학 및 조직에서 리더들의 생산성이 올라가도록 돕고 있다.
그는 타임, USA 투데이, 패스트컴퍼니, BBC 뉴스에 출연하였으며, 그의 LinkedIn Learning 강좌는 수천만 번 조회되었다.

그의 다섯 권의 책은 8개의 언어로 출판되었는데, 그 가운데 가장 인기 있는 책이 시간 관리 베스트셀러인 바로 『멀티태스킹은 신화다』이다. 작가, 연설가, 온라인 강사로서 데이브는 전 세계 수십만 명의 삶과 직장 생활을 바꾸어 놓았다.

멀티태스킹은 신화다
시간 부자로 살게 하는 시간 사용 컨설팅

2023년 7월 10일 초판

지은이 데이브 크렌쇼
펴낸이 임신희
일러스트 잉그 인스타그램 id: @ing_toon_22
디자인 박아람
펴낸곳 인사이트브리즈 출판사
출판등록 제396-2012-000142호 (2012년 08월 14일)
주소 경기도 고양시 덕양구 삼원로 83 광양프런티어밸리6차 1412
문의 010-7255-2437
전자우편 insightpub@naver.com
홈페이지 www.insightbriz.com

ISBN 979-11-86142-76-9 (13190)

*이 책은 저작권법에 따라 보호받는 저작물이므로 무단전재와
 무단복제를 금합니다.